JAVIER MÁS

Benedicto XIII

El papa templario que luchó contra Roma

ALMUZARA

Editorial Almuzara · Colección Memorias y biografías
Director editorial: Antonio Cuesta
Editor: Alfonso Orti

www.editorialalmuzara.com
pedidos@almuzaralibros.com - info@almuzaralibros.com

Editorial Almuzara
Parque Logístico de Córdoba. Ctra. Palma del Río, km 4
C/ 8, Nave L2, n.º 3. 14005, Córdoba

Imprime: Gráficas La Paz
ISBN: 978-84-11314-34-3
Depósito legal: CO-2047-2022
Hecho e impreso en España - *Made and printed in Spain*

Siempre son ellos.
Siempre están ellos.
Es imposible borrar de tu mente
el conjunto de cuatro más uno.
Gracias por ocuparlo todo.

Índice

Introducción

Pedro Martínez de Luna y Pérez de Gotor. La figura más importante de la historia de España y, a la vez, de las más ensombrecidas en un país que tiende a avergonzarse de sus propios logros. Quizás suene exagerada la primera parte de la frase anterior, pero esa sorpresa que se ha podido llevar el lector se disipará al finalizar la lectura del presente ensayo.

El Papa Luna, Benedicto XIII. Un noble aragonés que llegó a lo más alto del poder eclesiástico y que fue capaz de legarnos tanta intensidad en torno a su figura que cuesta, incluso, concretar en un solo párrafo toda su obra. No hay duda —porque así lo arroja la realidad— de que fue el pontífice más preparado de cuantos protagonizaron el Cisma de Occidente. Intelectual, político, estratega, honrado, austero y, sobre todo, fiel a sus principios. ¿Cómo un personaje de este calado no ocupa un lugar preeminente en la historia de España? Causa estupor que así sea después de navegar entre las inmensas aguas de su biografía.

Estamos, hoy día, en un momento de continuas paradojas, a cuál más sorprendente que la anterior. Una de ellas tiene que ver con la objetividad del conocimiento: debería estar viviendo uno de sus mejores momentos, pero, cuando la tecnología ha puesto al servicio del hombre un número creciente, casi infinito, de herramientas con las que poder desmitificar algunas de las teorías más absurdas de la historia, resulta que la sociedad está dispuesta a seguir aceptando los clichés que antes se reconocían como burdas deformaciones de la realidad. Quienes más habían padecido estas distorsiones de la historia fueron personajes de nuestro pasado que se mostraron muy superiores a sus enemigos: destruir la verdad acerca de Benedicto XIII, de Alejandro VI (el segundo papa Borgia), de Hernán Cortés, del Cid Campeador, de Felipe II, de Blas de Lezo o de cualquiera que demostrara con sus hechos una rectitud de valores difícil de replicar ha sido la tarea fácil de quienes, desde la subjetividad vacua y no la objetividad científica, han utilizado esa historia para sus propios objetivos personales. A ello han contribuido también las décadas de sumisión intelectual de una sociedad incapaz de reaccionar contra el adoctrinamiento y la manipulación de su propia historia, no ya la que anida en tiempos pasados, sino asimismo en los tiempos vividos. Aceptar la reinterpretación de tus propias experiencias por parte de una minoría destructiva no contribuye sino a la degradación individual y a la senda de desorientación del conjunto.

Benedicto XIII es uno de esos casos de desmemoria colectiva y de asentamiento de mitos que banalizan a la figura y la desposeen de su propia identidad a la vez que eliminan la profundidad de su contribución. La sociedad actual lo conoce como Papa Luna, una forma de devaluar la huella histórica y su propia trascendencia a la cual se une un proceso paulatino que ha ido empujándolo al ámbito del irracional misterio, de modo que cualquiera de los temas que caben en la maleta de lo oculto tenga igualmente que ver con don Pedro de Luna. Este proceso logra desvirtuar la capacidad del individuo y lo acerca a la categoría de lo popular.

La transcendencia de Benedicto XIII va mucho más allá de la anécdota, del santo Grial, de la tiara de San Silvestre o del códice imperial. Benedicto fue un gran político, quizás el mejor de los siglos XIV y XV no ya en España, sino en Occidente; sin embargo, un personaje de este calado no actúa nunca sin una perspectiva a largo plazo, un objetivo que lo supera en el tiempo y los hace trascender a él y a su legado. La historia ha dejado innumerables personalidades de similar perfil, como el cardenal Richelieu en la Francia del siglo XVII, el emperador Trajano en la Roma del s. I d. C., el mariscal Rommel en la Europa de mediados del s. xx o el presidente Reagan en los EE. UU. de los años ochenta. Protagonistas diversos con una portentosa visión de conjunto.

Benedicto, más allá de las tácticas a corto y medio plazo, de las que en la mayoría de las ocasiones salió victorioso, tenía una proyección clara hacia la que caminó sin descanso. Un sueño que se convertiría en realidad apenas unas décadas después de su muerte: el nacimiento de la España moderna, del gran reino cristiano de Occidente capaz de convertirse en faro frente a la amenaza islámica. Sí, el Papa Luna fue el artífice de la España geográfica de la que disfrutamos hoy. Frase pretenciosa pero tan cierta como el papado que Roma quiso robarle y que los españoles no han sabido reivindicar ni defender.

Adentrémonos en el individuo, en don Pedro de Luna, y dejemos que la realidad nos envuelva por unos instantes al objeto de entender la frase anterior. Para ello debemos situarnos en el punto de partida al que todos se refieren al ubicar el nacimiento geográfico de la España de nuestros días: los Reyes Católicos. Isabel y Fernando, primos segundos: sus padres, Juan II de Castilla y Juan II de Aragón, eran primos hermanos; sus abuelos, Enrique y Fernando, eran hermanos. Unos y otros, Trastámara, la dinastía que alumbró un objetivo prioritario: la unificación peninsular, la España en la que vivimos.

En esta serie de nombres, atados a hechos significativos, objetivos en su misma exposición, ¿cómo encaja don Pedro de Luna? Hasta en ese desconocimiento observamos la niebla que se ha ido posando sobre el personaje. De nuestro protagonista dependieron todos y cada uno de los anteriores. Él fue quien ayudó al primer Trastámara a ocupar el trono de Castilla y quien llevó al segundo a ocupar el trono de Aragón. Una vez logradas ambas cosas, pergeñó o vislumbró el siguiente paso, al que no llegaría por falta de tiempo. Paradojas de la vida, sus 94 años le permitirían traer al trono de ambas coronas a la misma familia, y, a la vez, le impedirían ver el final feliz con el que tanto soñó.

Porque esa es una de las claves más relevantes para entender gran parte de lo que le rodea: su longevidad. En comparación con otros papas, accedió a puestos de responsabilidad en la carrera eclesiástica de manera tardía. Ello no le impediría, con todo, ejercer como pontífice durante 29 años, casi tres décadas; como ejemplo de contrapunto basta recordar que su archienemigo, Martín V, ostentó el cargo la mitad de tiempo: 14 años. Durante ese prolongado ejercicio del poder eclesiástico, Benedicto XIII vio fallecer a todos sus enemigos, uno a uno, lo que consolidó su percepción de que seguía el camino correcto. No es un hecho intrascendente, dado que remarcaría algunos rasgos característicos de la psicología de don Pedro y condicionó mentalmente la forma en que sus enemigos trataban de acometer el problema; y es que, además de ser longevo, tuvo la capacidad de mantener su mente preclara, activa, con una diligencia que hasta hoy día sorprende. Su momento de mayor vigor, cuando sus argumentos se convirtieron en un discurso imbatible, se produjo entre 1414 y 1417, con la negociación en Morella frente al rey de la corona de Aragón y con los encuentros en Perpiñán frente al emperador del Sacro Imperio, el Concilio de Constanza de fondo. Pues bien, entonces, don Pedro contaba 86 y 89 años respectivamente. Cuesta encontrar en la historia de Occidente un personaje en activo con esa edad.

Algunos historiadores hablan de ostracismo, de abandono de sus fieles, de morir en soledad. Más allá de que eso tampoco sea del todo cierto, puesto que siempre contó con el apoyo del rey y la reina de la corona de Aragón y de un grupo no escaso de fieles, ese período lo podríamos circunscribir a sus últimos cinco años. Es decir, de los noventa y cuatro que duró su vida y de los veintinueve que se prolongó su papado, solo un lustro corresponde a esa etapa. Un lustro que transcurre entre los 89 y su fallecimiento. Más que de ostracismo, deberíamos hablar de descanso del guerrero. El final de una vida tan intensa como prolongada.

Ahora bien, el gran tema por vislumbrar, dentro de este recorrido por la psicología del Papa Luna, sería si él o los que lo rodearon percibieron una vida de éxito. En la actualidad se ha tendido a interpretar el legado de este personaje como el del recuerdo triste del perdedor; una apreciación realizada *a posteriori*, sin conocer en profundidad a don Pedro. Intentemos, pues, discernir entre la percepción de sus contemporáneos y la actual con la lectura de los próximos capítulos.

En el camino recorrido durante esos noventa y cuatro años, nuestro pontífice pudo negociar y convivir con hasta tres monarcas aragoneses diferentes, varios franceses, multitud de papas cismáticos y un emperador. Todos ellos fueron pasando delante de su puerta mientras él mantenía intactas las posibilidades de liderar en solitario la Iglesia. A la vez que se producía esta lucha, continuó ejecutando una labor de gobierno eclesiástico eficaz: amén de promover la creación artística, la arquitectura, la pintura y la orfebrería, organizó jerárquicamente la institución que estaba bajo su adscripción; no dejó de hacer nombramientos de cargos, firmaba bulas papales, escribía, enviaba legados a distintos reinos, forjaba ejércitos, casaba reyes… y, en la trastienda de todo esto, subyacía el objetivo siempre presente de la creación de un gran reino en Occidente. Serían los Reyes Católicos quienes lo culminarían, como también la conquista del papado por Calixto III (el primer papa Borja), la consolidación de Nápoles en manos de la corona de Aragón, el triunfo sobre Francia, el asentamiento del santo Cáliz en la catedral de Valencia y una larga lista de logros póstumos.

¿Era este sueño un pensamiento intelectual propio? Evidentemente, no. En la España de la Reconquista subyacía la idea de recomponer el gran reino visigodo, aquel que cayó frente al islam. Ciertamente, esa idea no hacía sino poner sobre la mesa la antigua herencia romana de la vieja Hispania, un territorio geográfico muy bien definido por los Pirineos, el mar Mediterráneo y el océano Atlántico. No obstante, a ese propósito interno, a esa construcción intelectual peninsular, vino a unirse un factor determinante que aceleró el proceso integrador frente a la realidad de varios reinos independientes: la internacionalización de la guerra santa a través de las órdenes religiosas y militares. Una de ellas, la más importante, formulaba en su propia esencia el germen de la unión peninsular, la semilla de España: era el proyecto templario, la consolidación de un reino occidental fuerte capaz de frenar al islam.

Ese es el hilo conductor de gran parte del presente ensayo. De la lectura de los próximos capítulos podrán ustedes discernir las conclusiones que deseen, pero no podrán dejar de reflexionar en torno a la conexión del Temple con Benedicto XIII y al papel de sus postergados nombres en la cimentación de lo que fuimos. Se sorprenderán, sin duda. Pero también entenderán muchas cosas.

Don Pedro Martínez de Luna y Gotor nació en Illueca (Zaragoza) en 1328. Fue nombrado cardenal en 1375 y pontífice, en Aviñón, en 1394. Murió en Peñíscola en 1423. La historia de la España moderna pudiera parecer que comienza con los Reyes Católicos y toca con los dedos el Olimpo bajo el reinado de los primeros Austrias. Sin embargo, la configuración de ese sueño fue obra de Benedicto XIII.

Consideración previa

Aunque las próximas palabras deberían introducir mejor el apartado bibliográfico, creo que es conveniente fijarlo al principio del presente ensayo a modo de aclaración y agradecimiento a las no muchas personas que se han atrevido a abordar un personaje tan interesante como Benedicto XIII.

Acostumbrado a desarrollar mi trabajo de investigación en el siglo XX, sobre todo en los años cuarenta, a don Pedro de Luna llegué por casualidad. Esas circunstancias de la vida que, sin preverlas, sin intención alguna, te acaban atrapando de tal modo que condicionan el camino por el que continúas andando. Varios acercamientos a la época y al personaje me mostraron la enjundia de uno de los protagonistas más determinantes en la reciente historia de España, a pesar de su falta de reconocimiento como tal. No crean que es el único caso que se produce en nuestro país; por desgracia, es más común de lo que debería. Ahí está el conde-duque de Olivares para recordarlo.

Una vez hube descubierto a don Pedro, la deformación profesional y la necesidad de investigar su biografía me llevaron ante una presencia historiográfica escasa. No es fácil encontrar buenos libros que te permitan comenzar un trabajo profundo sobre Benedicto XIII. Aun así, sí puede encontrarse un grupo de estudiosos tan fielmente dedicados a descubrir su pasado que lo han convertido casi en una pasión.

A este universo de fieles pertenece la asociación Amics del Papa Luna, en Peñíscola. Los estudios más recientes y la vuelta a la actualidad del histórico papa son un hecho que se debe casi en exclusividad a su perseverancia. Un grupo de eruditos, investigadores e historiadores que desde 2016 vienen acometiendo una labor continuada de recuperación de la memoria de don Pedro de Luna. Creo que es conveniente destacar su trabajo en esta publicación, no solo por su defensa del legado de Benedicto XIII, sino por el fomento de la investigación y publicación de textos que tengan que ver con el pontífice; de hecho, algunos de los mejores estudios que hay hoy sobre él están vinculados, de una u otra forma, a esta asociación. Sus miembros han desarrollado ensayos, pero también han encargado y promovido diferentes investigaciones, en algunos casos ligadas al ámbito académico y universitario. Los de Juan Bautista Simó, su presidente, merecen todo el respeto científico y constituyen un referente obligado para cualquiera que se acerque a esta figura.

Pese a los renovados esfuerzos de los últimos años, la investigación sobre el Papa Luna adolece de la ausencia de un estudio exhaustivo sobre su biografía en conjunto. Esta circunstancia ha propiciado que se vuelvan las miradas, una y otra vez, sobre el historiador Jerónimo Zurita: este autor llevó a cabo un magnífico trabajo en el siglo XVI, cien años después de la muerte del pontífice. Fue nombrado cronista del reino de Aragón en 1548, lo que le permitió navegar de lleno en los archivos de la Corona. A su creación acudimos todos aquellos que investigamos sobre Benedicto XIII, valorando una rigurosa metodología que algunos tildan de austera: su pretensión era acercarse siempre a los hechos sucedidos, más allá de las interpretaciones que pudieran desprenderse de ellos. Esta característica propicia, incluso en la actualidad, que sus escritos sean una fuente permanente de información.

A partir de Zurita, muchos otros han escrito sobre el Papa Luna. En los últimos años, diferentes historiadores se han interesado por su nombre desde estudios detallados sobre temas muy concretos; puede ser el caso del ya clásico Ovidio Cuella o el (más reciente) de Ángela Franco. Pero la mayoría de estas publicaciones han tenido, de una manera u otra, el paraguas o la difusión de la asociación Amics del Papa Luna, en esa ingente tarea de promover su conocimiento.

Falta por acometer, como decía anteriormente, una gran biografía desde el punto de vista de la investigación. Una obra nueva, moderna, académica, que ayude a detallar el día a día del pontífice, que rellene sus lagunas y que permita recuperar en su plenitud al personaje. Mientras eso ocurre, quienes nos aproximamos a don Pedro Martínez de Luna podemos ir aportando nuevas interpretaciones a la luz de los datos existentes.

No quisiera acabar estas escasas líneas sin mencionar a un gran estudioso de los siglos XIII a XVI en la corona de Aragón. Se trata de un caso particular, de una persona que se prodiga poco en la creación literaria pero que, sin embargo, supone para mis averiguaciones una fuente inagotable de inspiración. Me refiero a Juan Miguel Barea. No puedo sino agradecer sus apreciaciones y puntualizaciones, que con tanto acierto me realiza y que ayudan a cerrar el círculo de la investigación.

Todos y cada uno de ellos han contribuido al fin último que subyace en la presente obra: ofrecer una visión poco tratada y estudiada que, a la vez, permita entender mejor las decisiones de Benedicto XIII y reubicar su importancia en la historia de España. Una biografía, esta, que funde en un solo escrito los distintos trabajos elaborados hasta ahora y que dota al mismo de nuevos datos para abrir el debate sobre su figura. Consideremos, pues, los próximos capítulos no solo como una forma didáctica de traer a primera línea de la historia a nuestro personaje, sino también como un pistoletazo de salida para reinterpretarlo a la luz de un planteamiento más transversal que tenga en cuenta aspectos menos desarrollados de su vida. Encaremos este estudio como un texto ecléctico que ofrece una visión diferenciadora partiendo de los ya concebidos.

Cronograma biográfico

— Hitos biográficos:

1328: nace don Pedro Martínez de Luna y Gotor.

1375: don Pedro es nombrado cardenal.

1394: nombramiento como papa Benedicto XIII.

1411: traslado a Peñíscola y establecimiento de la sede pontificia en la ciudad.

1412: Compromiso de Caspe. Elección del nuevo rey, Fernando de Trastámara.

1414: reunión en Morella entre el rey Fernando y Benedicto XIII.

1415: Condena en el Concilio de Constanza a Benedicto XIII como hereje y antipapa.

1417: reunión en Perpiñán entre el emperador del Sacro Imperio y Benedicto XIII.

1423: muerte de Benedicto XIII.

— Cronograma histórico internacional:

1312: Clemente VII, por presión de Felipe IV, disuelve la orden de los templarios.

1337: comienza la guerra de los Cien Años entre Francia e Inglaterra.

1347: peste negra en Europa.

1366: segunda guerra civil castellana entre Pedro I y Enrique II.

1369: muerte de Pedro I. Subida al trono de Enrique II de Trastámara en Castilla.

1378: comienza el Cisma de Occidente.

1385: batalla de Aljubarrota, entre Castilla y Portugal.

1414: convocatoria del Concilio de Constanza.

1417: Martín V es nombrado papa de Roma.

1431: Juana de Arco, capturada por los borgoñones, aliados de los ingleses, es juzgada, condenada y ejecutada en la hoguera.

1443: Alfonso el Magnánimo conquista Nápoles.

1453: Mohamed II toma Constantinopla y pone fin al Imperio bizantino.

—Hitos históricos de su biografía:

1328: nace don Pedro Martínez de Luna en la localidad de Illueca, en Aragón.

1352: fallecimiento de su padre y traslado a Montpellier.

1362: obtención de grado de doctor en Derecho Civil.

1367: apoyo a Enrique de Trastámara

1368: Juan Fernández de Heredia ordena a su procurador proveerle de su sustento.

1370: imparte clases en la Universidad de Montpellier.

1375: es nombrado cardenal por Gregorio XI.

1376: Gregorio XI parte hacia Roma.

1377: Gregorio XI entra en Roma, con Juan Fernández de Heredia de portaestandarte y en compañía del cardenal Pedro Martínez de Luna.

1378: fallece Gregorio XI. Se inicia el Cisma de Occidente. Dos líneas de papados: Urbano VI en Roma y Clemente VII en Aviñón.

1394: muerte de Clemente VII. Nombramiento del Papa Luna como Benedicto XIII de Aviñón.

1396: en marzo fallece el gran maestro hospitalario Juan Fernández de Heredia. Asciende al trono de la corona de Aragón Martín I el Humano con su esposa la reina María de Luna, señora de Segorbe.

1398: Francia retira la obediencia oficial y su apoyo al papado de Benedicto XIII. Entre los pocos leales a Benedicto XIII en Francia, Luis, duque de Orleans.

1399: Martín el Humano solicita el santo Cáliz del monasterio de San Juan de la Peña.

1401: la Corona manifiesta su apoyo al Papa Luna, sitiado en Aviñón.

1403: nombramiento de Bonifacio Ferrer como prior de la Gran Cartuja de Grenoble.

1409: Concilio de Pisa. Muere el rey Martín I el Humano.

1411: traslado del papado de Benedicto XIII a la nueva sede de Peñíscola.

1412: elección del nuevo monarca y dinastía de la corona de Aragón en Caspe.

1413: disputas de Tortosa, en las que participó su médico personal, el sefardita converso Jerónimo de Santa Fe.

1414: conversaciones de Morella entre el Papa Luna, el rey Fernando I y Vicente Ferrer (papa y rey, a la postre santo).

1415: Concilio de Constanza. Reunión del Papa Luna con el emperador Segismundo. Condena al papa.

1415: el Papa Luna oficia misa del enlace de la reina María de Castilla con Alfonso el Magnánimo en la catedral de Valencia.

1416: ascenso al trono de Alfonso V el Magnánimo en la corona de Aragón,

1418: intento de asesinato del Papa Luna. Atención de Jerónimo de Santa Fe y su famoso remedio de la tisana.

1423: fallece el Papa Luna. En noviembre, Alfonso V toma el puerto de Marsella y sus cadenas con la intervención de Romeu de Corbera.

1424: Alfonso V el Magnánimo traslada el santo Cáliz al Palacio Real de Valencia.

1429: primera misión de Alfonso de Borja, negociación en torno al papado de Peñíscola. Como premio por su éxito, Alfonso de Borja es nombrado obispo de Valencia.

1431: el papa Martín V es elegido único pontífice de la Iglesia en el Concilio de Constanza. Convoca el Concilio de Basilea.

1436: Alfonso el Magnánimo pacta alianza con Filippo Visconti, duque de Milán, frente al veneciano pontífice Eugenio IV.

1437: Alfonso el Magnánimo entrega el santo Cáliz a la catedral de Valencia siendo obispo Alfonso de Borja, futuro papa Calixto III, como depósito para financiar campaña italiana.

1439: Alfonso de Borja viaja a Florencia como embajador en el Concilio y para negociar con Eugenio IV el reconocimiento de los derechos de Alfonso el Magnánimo sobre Nápoles.

1443: entrada triunfal de Alfonso el Magnánimo en Nápoles.

1444: Alfonso de Borja, tras completar su segunda misión, recibe el capelo cardenalicio.

1453: Alfonso de Borja es nombrado papa con el nombre de Calixto III.

—Cronología e hitos significativos de la corona de Aragón y la Orden del Temple:

1130: Ramón Berenguer III, conde de Barcelona, es ordenado caballero de la Orden del Temple.

1134: Alfonso I el Batallador, a su muerte, señala en su testamento a la Orden del Temple, a la Orden del Santo Sepulcro y a la Orden Hospitalaria como herederas de la Corona.

1150: Ramón Berenguer IV, hijo de Ramón Berenguer III, también abraza la Orden del Temple y será quien se case con la reina Petronila de Aragón, heredera del reino, dando lugar a la corona de Aragón; templarios los dos por ambas vías.

1213: muerte de Pedro II en la batalla de Muret. Como consecuencia, su hijo Jaime I es puesto bajo la tutela de la Orden del Temple en su castillo de Monzón, Huesca, bajo la dirección del maestro templario Guillem de Mont-Rodón. La Orden se convierte en un actor fundamental en la educación del rey. El santo Cáliz se encontraba depositado en el monasterio de San Juan de la Peña, también en Huesca; por tanto, el Temple es custodio de la reliquia más importante de la cristiandad y del heredero de la corona de Aragón.

1285: Berenguer de Santjust, templario y comendador de Miravet, lucha contra las tropas francesas al lado de Pedro III cuando hacen una incursión en Gerona.

1305: Ramón Llull escribe el *Liber de fine*, donde expone la teoría de la unificación de las órdenes militares para recuperar Tierra Santa. Junto con esa obra escribirá otras dos donde formulará el Rex Bellator y la posibilidad de unión bajo un solo liderazgo. El liderazgo corresponde a la corona de Aragón; Francia propone el Rex Pacis, planteando que ese liderazgo sea francés. Ramón Llull se reúne con Jacques de Molay en Chipre. Ramón entrega sus escritos al papa Clemente V defendiendo el plan para rescatar al maestro templario Rocabertí y, a la vez, plantear un posible espíritu de cruzada. El rey de Francia no consigue ser aceptado por la Orden del Temple.

1307: Felipe IV de Francia ordena apresar, torturar y quemar en la hoguera a los templarios.

1312: en mayo, el papa de Aviñón, Clemente V, cede ante Felipe IV y disuelve la orden. En julio, en el Concilio de Tarragona, los templarios son declarados inocentes. Sus posesiones pasan a la Orden del Hospital, excepto las posesiones en Valencia, donde se creará la Orden de Santa María de Montesa con el objeto de defender la frontera del reino.

1317: fundación de la Orden de Montesa por Jaime II.

1328: nace don Pedro Martínez de Luna.

Museo biográfico

Adentrarse en la Baja Edad Media supone un reto difícil, reconozcámoslo. Cuando una persona ha superado su miedo a perderse en la oscuridad de esa etapa de la historia, no sabe que se va a encontrar después con infinidad de nombres, casi todos iguales, y fechas, muchas fechas. Si esto ya es un problema, imagínense ustedes que incluimos por medio a la Iglesia, a las dinastías de varios reinos, a diferentes órdenes militares y a un protagonista tan longevo que cubre diferentes generaciones en cada uno de estos espacios... pues en esa situación nos encontramos en estos momentos.

Entendiendo que la lectura de la biografía de Benedicto XIII puede conducir a momentos confusos desde este punto de vista, he pretendido introducir un pequeño capítulo que permita al lector tener siempre presentes las partes más importantes que persisten a lo largo de todo el libro. Actores y actrices que ocupan un lugar preferente en su historia y cuya aparición y desaparición puede hacer perder el hilo de la historia.

Me gustaría invitarles a visitar el Museo Biográfico del Papa Luna: una zona común donde no existen ni el espacio ni el tiempo y donde podrá recorrer visualmente la vida de don Pedro de Luna; una zona que podrá compartir, además, de forma constante con esa especie de siervo para todo que es Internet. Quizás a algunos les sirva, incluso, como guía de viaje para emprender un bonito recorrido en el futuro. Para este fin, no obstante, faltaría añadir algunos lugares muy interesantes que no forman parte del museo.

Síganme, pues. Adelante. Crucemos ese gran portón de madera remachado con perfectos botones redondeados de fino y oscurecido hierro, e intenten no acercarse demasiado a los objetos expuestos; podría saltar la alarma.

Mientras andamos hacia la primera sala, les animo a pensar en el personaje, a imaginarlo, a dibujarlo en su cabeza. Cuando hayan terminado la lectura de este libro, vuelvan a hacer el mismo ejercicio. Se sorprenderán de cómo cambia la visión que albergamos de un protagonista de tal calibre cuando lo conocemos en profundidad.

— Familia Luna.
  Retrato del condestable Álvaro de Luna.
  Capilla de la catedral de Toledo.
  Autor: Sancho de Zamora, 1488.

Y bien, ya hemos llegado a la primera parada. No piensen que este museo ha sido ordenado por la categoría de sus tesoros. Para nada. Cuando vuelvan a entrar, pueden comenzar por la zona que más interés les suscite. De momento, aquí, a su derecha, tienen la catedral de Toledo; exquisita, triunfante, respuesta católica a la capitalidad de Castilla. Andemos un poco ligeros para llegar a la capilla donde reposan los restos de don Álvaro de Luna, sobrino de Benedicto XIII y valido de Juan II (hermano de María de Castilla, reina de Aragón y defensora del Papa Luna). Al fondo pueden observar el *Retrato del condestable Álvaro de Luna*, del reconocido pintor Sancho de Zamora, que data de 1488.

Los Luna constituyen la familia más poderosa de la Baja Edad Media en toda la península. Don Álvaro fue la persona más influyente de Castilla durante el reinado de Juan II. Sobrino del Papa Luna, ejerció como condestable de Castilla la friolera de treinta años, desde 1423 (justo el año en el que falleció su tío) hasta 1453; junto a él situó a su sobrino, Rodrigo de Luna, que fue prior de la Orden de San Juan en los reinos de Castilla y León desde 1428 a 1440. Rodrigo era asimismo sobrino del Papa Luna, a quien sirvió durante años como capitán de los ejércitos papales.

Ya van tres Luna importantes. Vayamos a por el cuarto: María de Luna, casada con Martín el Humano, con quien reinó en la corona de Aragón en el período que va de 1396 a 1410.

Además de estos cuatro Luna, numerosos miembros de la familia, dividida en dos ramas, se esparcieron por distintos cargos eclesiásticos y civiles a lo largo y ancho de las coronas de Castilla y Aragón. Así, tenemos el cargo de arzobispo de Zaragoza ocupado por varios miembros de la familia, como Lope Fernández de Luna o Pedro López de Luna; a Juan Martínez de Luna como alférez mayor de la corona de Aragón; a Pedro de Luna, arzobispo de Sevilla, o a Rodrigo de Luna, arzobispo de Santiago, entre otros muchos que llegaron a puestos de relevancia en Toledo, en Galicia, en Valencia o en Montpellier.

Es difícil entender la política de la Baja Edad Media española sin tener en cuenta los lazos que unían a estos y otros miembros de los Luna. Por eso, no está de más que se deleiten un poco con este cuadro y, sobre todo, intenten acercarse a don Álvaro, un individuo casi tan apasionante como su tío, el Papa Luna.

Si han acabado, vayamos saliendo de esta catedral y adentrémonos por el pasillo del museo hasta la sala de otro de los templos más destacados del gótico español: la catedral de Valencia. Bueno, aquí nos hemos metido directamente en su interior, pero sería mejor que la visitasen admirando el pórtico principal, una joya del barroco patrio. En fin, a lo que vamos.

Mientras caminamos hacia el siguiente cuadro, les recomiendo que no dejen de visitar la capilla del santo Cáliz. Algunos lo llaman el santo Grial, pero, para el caso, es lo mismo. Parece ser que han demostrado su autenticidad y fue uno de los principales instrumentos —si no el primero— del Papa Luna para legitimar su derecho al papado frente a Roma. Dejemos eso para más adelante.

—Familia Borja.
Alfonso de Borja.
Catedral de Santa María, Valencia.
Autor: Juan de Juanes, 1568.

Aquí está, este es el cuadro que les quería enseñar. Un retrato de Alfonso de Borja, del gran pintor Juan de Juanes. Este personaje sería el primero de los papas Borgia y reinaría en Roma con el sobrenombre de Calixto III. Fue una persona fundamental en la biografía de Benedicto XIII y, especialmente, en el proceso de transición desde su muerte hasta el control del papado de Roma por la corona de Aragón.

La familia Borja fue el gran apellido forjado en el reino de Valencia, pilar de la corona de Aragón y protagonista del tránsito hacia la unidad peninsular, hacia España. Unos actores que alcanzaron el estrellato en la historia a renglón seguido de Benedicto XIII, en el que se apoyaron, del que se dejaron querer y al que tributaron el logro que tanto persiguió. Fue el Papa Luna quien auspició el ascenso de la familia a través de Alfonso de Borja, lo que les permitió convertirse en pieza fundamental en el entramado político de Alfonso el Magnánimo.

La familia dio dos papas: Calixto III y Alejandro VI. Este último fue capaz, además, de generar en torno a él todo un universo social que aupó al olimpo de la historia nombres tan reconocidos como César o Lucrecia Borgia. Sus tentáculos se prolongaron en el tiempo hasta lograr llegar a nuestros días con un Borgia como presidente de Ecuador: Rodrigo Borja Ceballos.

Pero atendamos primero al protagonista de este fantástico cuadro: Alfonso de Borja. Natural de Játiva, en el reino de Valencia, nació el mismo año en que comenzó el Cisma de Occidente: 1378. Apoyado en su carrera por Benedicto XIII (que lo nombró canónigo de la catedral de Lérida), se formó también en leyes, como su mentor, del que fue absorbiendo las principales líneas de pensamiento. Su compromiso con la obra del Papa Luna lo llevó a apoyar al sucesor, Clemente VIII, con la complicidad del rey Alfonso el Magnánimo. Alfonso de Borja ocupó a partir de entonces un papel principal en la corona de Aragón y dentro de la Iglesia, y se convirtió en el hombre que transitaría hacia el papado con el testigo del legado de Luna.

Ya en 1429, como representante del rey, Alfonso negocia con Gil Sánchez Muñoz (Clemente VIII) la deposición del papa de Peñíscola en favor de Martín V de Roma. La renuncia del papa supuso obtener un alto nivel de confianza por parte de Roma, traducido en su ascenso a obispo de Valencia. En 1436, Alfonso el Magnánimo firma un pacto con Filippo Maria Visconti de Milán: se alinean frente al papa veneciano Eugenio IV, heredero de Martín, que apoyaba a la dinastía francesa Anjou en sus aspiraciones sobre el reino de Nápoles. En 1437, el rey aragonés entrega el santo Cáliz a la catedral de Valencia (siendo obispo Alfonso de Borja) como prenda a cambio de sostén económico para financiar su campaña en Italia; con ello se reforzaría la figura de nuestro protagonista en los ámbitos político y religioso.

El escenario clave para la trayectoria del obispo será el final del Concilio de Basilea, que se resuelve en Florencia en 1439. Alfonso respalda que un hombre vinculado al Papa Luna, Domingo de Ram, represente a la Corona en el cónclave. Tras él, el rey envía a Alfonso como embajador a Florencia, donde negocia los derechos del monarca sobre Nápoles. El resultado positivo conllevó su nombramiento como cardenal y, a su vez, como posible aspirante al papado. En 1553, Alfonso de Borja es nombrado papa con el nombre de Calixto III.

— Familia real. Corona de Aragón.
   I. *Retrato de Alfonso el Magnánimo*. Museo de Zaragoza.
   Autor: Juan de Juanes. 1557.
   II. *María de Castilla*. Museo de Zaragoza
   Autor anónimo. Siglo xv.

Ha sido intensa la última sala, estoy seguro. Tratemos ahora de frivolizar un poco y destensar la mente con otro de los Alfonsos protagonistas de este museo biográfico. Nos referimos al rey de la corona de Aragón, Alfonso V el Magnánimo. Una vida de aventura, guerra, amor, política y deseo a raudales. Una auténtica novela que quizás cien años antes hubiera sido un éxito de los libros de caballería.

¡Aproxímense, vamos!, no tengan miedo a lo que nos pueda contar. Este fantástico retrato, también de Juan de Juanes, es una de las principales piezas del Museo de Zaragoza. No debería ser la única que visitásemos en nuestro recorrido.

Alfonso recogió el testigo de la lucha política del Papa Luna, comprendió su utilidad internacional y la proyectó para acercarse al objetivo último. No se podía plantear una unidad territorial sin conquistar antes Roma, y esa conquista le permitió también satisfacer su proyecto más terrenal: el reino de Nápoles y, en concreto, su vida con Giraldona de Carlino, la *otra* esposa napolitana. Con ella tuvo tres hijos, entre ellos Ferrante, llamado a heredar el trono.

De sus andaduras, guerras, viajes y encarcelamientos hablaremos a lo largo del libro. Quedémonos aquí, por si alguien no lo ha vinculado aún al Papa Luna, con que fue precisamente este el que lo casó, en la catedral de Valencia en junio de 1415, con María de Castilla, su prima. Aquí al lado tienen también este pequeño retrato de su esposa (al menos, la oficial). María de Castilla era hermana del rey de Castilla, Juan II. Fue una mujer decisiva en el devenir de la corona de Aragón; de hecho, el reinado en el territorio peninsular dependió de ella, pero no en sentido figurado, sino en el ejecutivo, en el real. Su esposo la abandonó para preocuparse por Nápoles, donde se asentaría hasta el final, sin volver a ver a María. Ella fue la que gobernó, la que impulsó la cultura, la que dio esplendor a Valencia como capital de la Corona, la que medió entre Castilla y Aragón para evitar la guerra, la que se impuso a la nobleza y respaldó al Papa Luna y a los Borgia. Fue, en definitiva, la Reina, con mayúscula, de Aragón.

—Familia real. Francia.
Arrebato de locura de Carlos VI. Escena de las *Crónicas* de Jean Froissart.

Si me acompañan con cierta rapidez, podremos detenernos un momentín en la vitrina que está a mitad del pasillo. Allí se expone una copia de las *Crónicas* de Jean Froissart, abiertas por la escena del *Arrebato de locura de Carlos VI*. No perdamos mucho tiempo en este último, pero denle la oportunidad de presentarse como el gran enemigo francés del Papa Luna. Reinó desde 1380 hasta 1422, siempre con el objetivo puesto en nuestro protagonista y en el intento de control de la Iglesia.

Por cierto, que sepan que fue apodado el Loco. Psicosis, arremetía contra su propio ejército, huía de su mujer, se sentía traicionado, hablaba balbuceante, aullaba como un lobo, no se bañaba… y llegó a creer que estaba hecho de vidrio. En fin, todo un cuadro. En algunos momentos, su tío Felipe asumió la regencia.

—Papado de Roma.
Papa Martín V.
Galería Colonna, Roma.
Autor: Pisanello.

Y ahora sí. No podíamos dejar de visitar en nuestro museo la Ciudad Eterna. Roma, siempre presente en la historia, aunque, durante el siglo XIV, la ciudad se asemejaba más a un barrio pobre, sucio, abandonado, lleno de escombro y de delincuencia que a lo que ustedes conocen en la actualidad. De allí habían huido los papas, pero también las grandes fortunas y, sobre todo, el negocio. Cuando volvió a ella el papa Martín V, se quiso emplear a fondo en la recuperación de la ciudad.

Pues bien, este papa fue el otro archienemigo de Benedicto XIII. Nacido en el seno de una de las familias más poderosas de la ciudad, los Colonna, se obsesionó tanto con la figura del Papa Luna que llegó a plantearse e intentar ejecutar el asesinato con veneno del anciano aragonés. Utilizó todos los medios a su alcance para destruirlo, puesto que era la figura que le impedía convertirse él en el único papa de la Iglesia occidental y, por tanto, en liquidador del Cisma de Occidente. De los pontífices cismáticos, solo él sobrevivió a Benedicto XIII. Tras el fallecimiento de este, pasados algunos años y debido a los intereses políticos de Alfonso el Magnánimo en Nápoles, por fin logró la renuncia del papado de Peñíscola y se erigió en el único y máximo responsable de la Iglesia cristiana.

La verdad es que no está muy agraciado en este retrato de Pisanello, pero sí reflejó bastante bien la oronda figura de su perfil, que le persiguió toda la vida. Gustaba de comer de forma copiosa y, cómo no, de engordar igualmente las arcas de su familia. Como verán en esta galería del palacio Colonna, no escatimaban en lujo. Podría decirse que fue el polo opuesto al austero Benedicto XIII.

—Juan Fernández de Heredia. Orden de San Juan del Hospital.
Retrato de Juan Fernández de Heredia.
Biblioteca Nacional de España.
Gran crónica de España, 1385.

Bien, se nos echa el tiempo encima. Sigamos caminando y, de nuevo, antes de entrar en la siguiente sala, deténganse en otra vitrina de cristal como la que han visto hace un rato. Si se fijan, verán un libro abierto en el que se ha pintado el retrato, algo tosco, de Juan Fernández de Heredia, maestre de la Orden de San Juan del Hospital. El manuscrito en cuestión es la *Gran crónica de España.* Eso sí, este es una copia, ya que el original se encuentra en la Biblioteca Nacional.

Fernández de Heredia podría ser descrito como la persona en la sombra que movió los suficientes hilos en la biografía del Papa Luna como para facilitar su ascenso al papado. Es el actor secundario que aparece poco en escena pero que es fundamental para entender el perfil y los objetivos del protagonista.

Representa también la gran influencia que tuvieron algunas órdenes militares en la Edad Media; y la suya, en concreto, puso de manifiesto el papel perpetuador de la Orden del Temple: los hospitalarios heredaron propiedades, dinero y, sobre todo, caudal humano de los templarios tras su disolución en Francia. La Orden del Temple se convirtió, *de facto*, en la de San Juan y la de Montesa.

Aunque desaparece relativamente pronto de la vida de Benedicto XIII, la presencia de Juan Fernández de Heredia se hizo constante, hasta el punto de que fue responsable indirecto de la elección de Caspe para decidir sobre un nuevo rey de la corona de Aragón. Una elección determinada por el Papa Luna.

— Montesa y Temple.
La Virgen del caballero de Montesa.
Museo del Prado.
Autor: Paolo de San Leocadio, 1472.

Y ya que hablamos de órdenes militares, aprovechemos para visitar el gran Museo del Prado. No queda mucho para finalizar la visita, pero será interesante detenernos ante un lienzo no excesivamente conocido mas de gran trascendencia simbólica. Me refiero a *La Virgen del caballero de Montesa*, realizada por Paolo de San Leocadio. Es de las pocas pinturas que trata sobre los templarios o sobre Montesa en el Prado.

El panorama político europeo se complicó más en la Baja Edad Media por la presencia de órdenes militares que habían sobrevivido a pesar del languidecimiento de las cruzadas. En la etapa de Benedicto XIII, la situación era la siguiente: una gran orden, la de San Juan del Hospital, presidida por un español (don Juan Fernández de Heredia);

y una orden de nueva creación, la de Montesa, que había adquirido casi toda la herencia del Temple en el reino de Valencia. Ambas fueron sostén económico, social y militar del papa Benedicto XIII, que lanzaría el proyecto templario de construir un reino cristiano muy fuerte en Occidente y capaz de enfrentarse al islam.

La casa madre de los hospitalarios estaba fuera de España, en la isla de Rodas (Grecia), mientras que la de Montesa tenía su feudo en el sur del reino de Valencia. Ello explica también el progresivo poder que comenzó a tener esta última, al consolidarse como pilar fundamental del proyecto del Temple y de la corona de Aragón; el control que sobre ella ejerció la Casa de Luna tuvo una traslación directa de fuerzas hacia los Borja, un movimiento paralelo al cambio de influencia política en el gobierno de la Corona. Un buen ejemplo de ello es el cuadro que estáis viendo.

Esta tabla fue encargada por Luis Despuig, virrey de Valencia y gran maestre de la Orden en la segunda mitad del siglo XV; Despuig y el pintor, Paolo de San Leocadio, entablaron una estrecha relación. Después, la obra pasa a manos de la familia Borja a través del último gran maestre, don Pedro Luis Galcerán de Borja. Como ven, la permanente conexión entre Benedicto XIII, el Temple, Montesa, la familia Borja y todo el universo vivo alrededor del Papa Luna no para de aflorar. ¿Quieren más vínculos con los Borja? Pues se los doy: Rodrigo de Borja, el futuro papa Alejandro VI, fue quien trajo a Valencia al pintor San Leocadio, al que encargó también, junto con Francesco Pagano, el ábside de la catedral de Valencia, donde se representan los famosos ángeles músicos.

Bueno, esa es otra historia. Abandonemos esta sala para acercarnos ya a la última de las piezas que les quería mostrar. No es una creación cumbre, pero espero que tenga un significado especial para todos ustedes. Acompáñenme y crucemos hasta la tercera planta del Museo Arqueológico Nacional.

Mientras caminamos hacia la sala, les comentaré una obra que no hemos podido incluir en este museo porque está dispersa en diferentes espacios de toda España. Se trata del *Retablo de san Sebastián*, también de Juan de Juanes. Se preguntarán por qué les hablo de este título en particular: pues porque representa el universo de Benedicto XIII tras su desaparición. Es un buen resumen de lo que fue y de lo que pretendía. El cuadro se encargó para ocupar una capilla de la cartuja de Valldecrist, importantísimo centro político y religioso del Papa Luna.

La composición de la obra tiene en uno de los lados a san Vicente Ferrer, amigo íntimo del pontífice y pieza esencial en el tránsito hacia los Borgia. Al otro lado, san Bruno, fundador de la Orden de la Cartuja; a esta pertenecía Bonifacio Ferrer, mano derecha de Benedicto XIII, a quien el papa nombraría prior de la Gran Cartuja de Grenoble. El personaje principal, san Sebastián, representaría simbólicamente al pontífice aragonés, al comparar la trayectoria de ambas vidas. Dediquemos un minuto a esta circunstancia.

San Sebastián fue un soldado del Ejército romano y del emperador Diocleciano. Desconociendo que era cristiano, Diocleciano lo nombró jefe de la primera cohorte de la guardia pretoriana imperial; fue descubierto y denunciado por el emperador Maximiliano, cogobernante con Diocleciano, quien lo obligó a escoger entre su condición de militar y su fe religiosa. San Sebastián eligió seguir profesando su fe. El emperador lo amenazó de muerte, pero san Sebastián se mantuvo firme en su convicción. Finalmente, el emperador, enfurecido, lo condenó a muerte. Los soldados lo llevaron desnudo, lo ataron a un poste y lanzaron sobre él una lluvia de flechas, dándolo por fenecido; sin embargo, sus amigos se acercaron y pudieron comprobar que aún conservaba la vida. Lo trasladaron a casa de una noble cristiana romana y curaron sus heridas. Los más cercanos le aconsejaron que se ausentara de Roma, pero san Sebastián se negó. Después, se presentó ante el emperador, que lo daba por muerto y le reprochó enérgicamente su conducta frente a los cristianos. Maximiliano lo mandó azotar hasta morir.

Pues bien, la interpretación de ese paralelismo nace con el nombramiento de Benedicto como papa. Se le retiró la obediencia; el emperador Segismundo lo condenó; el papa se mantuvo en sus trece; sufrió un intento de asesinato en el que fue dado por muerto y del que le salvó su médico personal, Jerónimo de Santa Fe; y, aun así, persistió en su lucha reivindicativa. Significativo paralelismo, ¿no creen?

Observemos con atención un pequeño detalle más de este retablo: la imagen de María Magdalena, que es una figura clave en el imaginario templario. La pieza que faltaba.

A todo esto, hay que añadir la vinculación de Juan de Juanes con los Borja, que materializó la continuidad de objetivos y mensaje de Benedicto XIII con la familia valenciana. En fin, como ven, todo un mundo de conexiones capilares que dejan poco margen para la casualidad. Reflexiónenlo unos segundos antes de entrar a la siguiente sala.

—Humanismo y arte.
Báculo del Papa Luna.
Museo Arqueológico Nacional.
Madrid, 1342.

Ahí la tienen. Obsérvenla con detenimiento. Fíjense en el brillo dorado que la impregna, en los detalles en miniatura que jalonan todo el conjunto, en la Virgen y el ángel anunciador que la culminan. Les gusta, ¿verdad? Pero, sobre todo, ahora piensen en lo que simboliza: el poder máximo de la Iglesia, el papado, el guía espiritual de la cristiandad, toda. Y perteneció a Benedicto XIII. Es el símbolo de su poder, de su estatus frente a reyes y reinos. Se midió de igual a igual con el monarca de Francia, de la corona de Aragón o del Sacro Imperio.

También tiene un significado especial: el arte que el báculo atesora. La pieza de orfebrería es de las más valiosas del siglo XIV. Encargada por el papa Clemente VII, fue heredada por Benedicto XIII, que aumentó su decoración central y puso las dos figuras de la anunciación en el centro de las miradas. Porque la pieza que están ustedes observando representa también el interés que tuvo el pontífice aragonés por el cultivo de las artes. El Papa Luna poseyó una especial sensibilidad tanto en el terreno artístico como en el musical o el literario; fue promotor de obras por toda la corona de Aragón y la de Castilla y fomentó las artes allí donde residió, impulsando autores locales en Aragón, en Aviñón y, por último, en Peñíscola. Un interés que refleja su visión global del poder, que, al contrario de sus enemigos, no se limitó solo al ejercicio político, sino que se extendió a lo económico, a lo social y a lo cultural.

Este báculo personifica al propio Pedro Martínez de Luna, a caballo entre dos siglos (el XIV y el XV), incitador del nuevo aire renacentista que impregnaría el arte, como también la política y la guerra.

Disfruten de esta última pieza cuanto quieran y, después, sepan que tienen aquí este museo biográfico para volver sobre cualquiera de sus salas en los momentos en que se difuminen las fechas, los hechos históricos o los personajes que a continuación van a leer. Nuestro museo no cierra nunca las puertas precisamente para eso, para que puedan regresar a él cuando lo deseen.

Espero que hayan saboreado las obras aquí contenidas y que, en la medida de lo posible, las busquen y las encuentren en la vida real. No hay nada más interesante que hallar convertidas en realidades las palabras escritas.

* * *

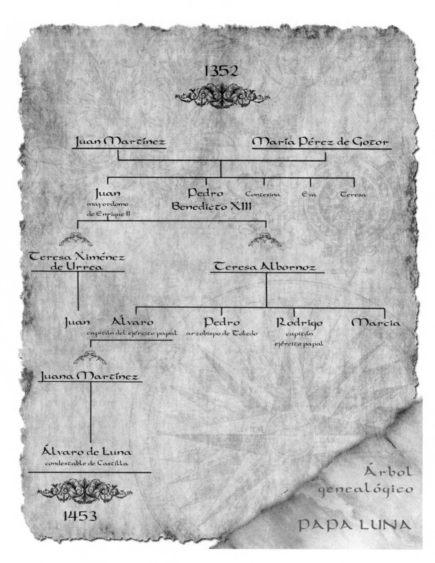

1352

Juan Martínez   María Pérez de Gotor

Juan   Pedro   Contesina   Eva   Teresa
mayordomo   Benedicto XIII
de Enrique II

Teresa Ximénez
de Urrea   Teresa Albornoz

Juan   Álvaro   Pedro   Rodrigo   Marcia
      capitán del ejército papal   arzobispo de Toledo   capitán
                                                  ejército papal

Juana Martínez

Álvaro de Luna
condestable de Castilla

1453

Árbol
genealógico

PAPA LUNA

Árbol genealógico de don Pedro Martínez de Luna,
Benedicto XIII, el Papa Luna.

I. EL ORIGEN DEL GUERRERO

El carácter de una persona se define, en parte, durante su etapa formativa. Lo que hoy día llamaríamos juventud. Es el momento en el que se moldea la integración de un individuo en la ciudadanía que lo rodea. Si esto mismo lo analizamos dentro del contexto de la Baja Edad Media, podremos rebajar la edad que delimita esa juventud hasta bastante antes de los 18 años. Cuando iniciaban la veintena, los hombres de finales del siglo XIV tenían ya perfilado su futuro y encauzado el lugar que iban a ocupar en la sociedad.

Nuestro protagonista, Pedro Martínez de Luna, eclosiona en su propia historia con 24 años, justo en el momento en que muere su padre. Bien por influencia familiar, bien por decisión propia, se traslada a Montpellier y comienza sus estudios de Derecho. Pero de la primera etapa, esa que le marcó el carácter, poco se sabe. Es cierto que se puede suponer lo que le aconteció, puesto que provenía de una de las principales familias de Aragón: no debió de pasar dificultades en su infancia y se formó intelectualmente, a causa de no ser el primogénito y, por tanto, estar destinado a la guerra o a la religión. Curioso dilema: encontrarse con el más allá en vida o destinar tu vida a encontrar el más allá.

En cualquier caso, parece que no hubo nada destacable durante esos primeros años de su larga vida en él ni en las personas que lo rodeaban. Pero, a partir del traslado a Montpellier, comienza la carrera vital que sí dejará huella en la historia.

Los primeros decenios de esta biografía corresponden a una acumulación de hechos cronológicos que irán forjando al futuro papa pero sobre los cuales se puede pasar un poco por encima. Para ello, la Real Academia de Historia[1] aporta datos suficientes con los que entender al personaje. Sin embargo, nosotros debemos interpretar a Pedro Martínez de Luna más allá de esos hitos y fechas, fijando nuestra atención en aquello que hasta ahora ha pasado desapercibido. Esa es la misión del presente estudio: poner el acento en los pormenores de una biografía enfocada demasiado tiempo sobre los hechos cronológicos y no sobre las realidades que le acompañaron en paralelo.

Esto último no es excusa, sin embargo, para que obviemos la sucesión de fechas destacables de esos primeros años. Debemos comenzar, pues, con una primera parte más sistemáticamente centrada en la cronología, pero necesaria para conocer las raíces mismas del personaje.

Naveguemos, con cierta celeridad, a través de esas primeras décadas de vida del personaje y descubramos los datos que servirán de base para las postreras interpretaciones que al final podamos hacer sobre don Pedro.

---

1   La consulta de la página web oficial de la Real Academia de Historia (http://dbe.rah.es) resulta fundamental para obtener un breve pero intenso perfil de la mayor parte de personajes destacados de nuestro pasado. Incluso de aquellos de los que se tiene menor constancia. Les recomiendo, pues, su visita.

CAMINO AL PAPADO

Uno de los momentos más apasionantes de la Baja Edad Media, desde el punto de vista de la diplomacia internacional, es, sin duda, todo el tiempo vivido en torno al Cisma de Occidente. Tan importante fue este terremoto religioso y político que determinó el tablero de poder europeo.

Dentro de este proceso de dimensión universal, una figura se hizo y se ha hecho dueña del momento histórico superando, con el tiempo, al resto de los protagonistas: Benedicto XIII, el Papa Luna, don Pedro Martínez de Luna. Su paso por el siglo xiv y el inicio del xv dejó una huella tan abismal en los reinos hispanos que marcó indeleblemente el futuro de la península, tanto en lo político como en lo religioso.

Su pontificado tuvo que hacer frente a un tiempo convulso donde emergían nuevas potencias y la Iglesia de Occidente trataba de reorganizarse. Esta etapa se constituyó como un tiempo de desarrollo de procesos anteriores y de inicio de otros nuevos gracias al gobierno de un personaje con formación académica y profesional: nuestro protagonista. Adelantaba la idea humanista, tan enraizada en el debate renacentista, del buen gobierno mientras sus enemigos caían uno tras otro, fruto de su propia incapacidad para los cargos que desempeñaban.

Quizás el foco de atención recaiga demasiado a menudo en ese pontificado intenso que lo dominó todo. Sin embargo, hay que destacar también el tiempo anterior en el que el aragonés desplegó sus capacidades diplomáticas por Castilla, Francia, Italia o Escocia. Durante esos años, estableció las bases y tejió una red clientelar lo suficientemente importante como para trabajar los objetivos más profundos de su construcción y concepción universal.

Pedro Martínez de Luna llegó a la cima de la Iglesia católica con el respaldo, o quizás siendo el representante, de una de las familias más influyentes de la Baja Edad Media española, tanto en la corona de Aragón como en la de Castilla. Los Luna constituyen uno de los linajes que dan origen al reino de Aragón y, por tanto, acumularon poder e influencia suficientes para escalar en la rígida sociedad medieval. Este ascenso empieza a tener tintes relevantes con la participación de dos de ellos en las Cortes de Monzón (actual provincia de Huesca) en 1307. Formaban parte del total de las quince familias con derecho a estar representadas.[2] Hablamos de Lope Ferrench de Luna y de Artal de Luna.

La familia, convertida ya en linaje, tenía todos los mimbres para ejercer cierta capacidad de influencia en el devenir del reino. Pero más que esa circunstancia, lo sustancial fue la determinación para integrarse en los distintos estamentos de la sociedad a fin de obtener una mayor influencia y poder. En cualquier caso, llama la atención la capacidad de esta familia para extender su dominio más allá de los límites de la corona de Aragón. El que fuera hermano mayor de don Pedro, Juan Martínez de Luna, llegaría a convertirse en mayordomo del rey de Castilla, Enrique II. Y el primogénito de este, don Álvaro Martínez de Luna, en copero del rey Enrique III. Vemos, pues, la ambición innata en la familia de concebir el territorio peninsular como un todo sobre el que enraizar su poder.

Hagamos una pequeña parada en este punto que nos dé la suficiente perspectiva como para entender la importancia de la familia Luna. En tan solo cuatro generaciones, es decir, en menos de un siglo, la influencia de los Luna pasó de irre-

---

2   Utrilla, J. F. (2009). La nobleza aragonesa y el Estado en el siglo XIII: composición, jerarquización y comportamientos políticos. En Sarasa, E. (Coord). La sociedad en Aragón y Cataluña en el reinado de Jaime I (1213-1276). Institución «Fernando el Católico», pp. 199-218.

levante a determinante, no solo en Aragón, también en Castilla. Los orígenes hay que situarlos a finales del siglo XIII, según la rama a la que acudamos de los Martínez de Luna. Tan solo unas décadas más tarde, en 1352, a la muerte de Juan Martínez II, la familia entra al servicio del monarca castellano y coloca un pontífice en Aviñón. Quizás sea uno de los mejores ejemplos de lo que constituía el denominado «ascensor social» del medievo español, donde el proceso de reconquista permeabilizaba los grupos sociales de forma habitual. Un proceso muy diferente al que ocurría en Francia o Inglaterra, donde los grupos sociales estaban más delimitados y estancos, huérfanos de un proceso de reconquista y repoblación. Este ascenso meteórico no tuvo comparación en la corte aragonesa y concitó en torno a ellos muchas de las aspiraciones de otros nobles y de no pocos grupos de presión tanto en el mundo civil como en el religioso.

Los Luna, identificados con el símbolo de la luna en su fase creciente, como era lógico, se habían dividido en tres ramas desde su origen. De la rama de Pedro Martínez de Luna descienden la mayoría de los nombres más relevantes del linaje: la reina doña María de Luna (casada con el rey Martín el Humano), el papa Benedicto XIII (nombrado el 28 de septiembre de 1394) y el condestable de Castilla don Álvaro de Luna (valido del rey Juan II). A los tres habría que atribuir el escudo de la media luna sobre fondo de oro, ajedrezado en oro y sable, con las puntas hacia abajo y rematado en amarillo y negro. Una simbología que dejaba bien a las claras que el linaje del futuro pontífice era aragonés de sangre pura, terminología que gustaría años más tarde en la Santa Inquisición, en la Inglaterra de la reina Isabel II o en los Estados Unidos de la guerra de Secesión.

Como decíamos antes, tanto si indagamos los orígenes familiares maternos como si buscamos por los paternos, encontraremos lo que podría denominarse nobleza de origen: aquella que construyó los inicios de la corona de Aragón. Por línea paterna, don Pedro es hijo de Juan Martínez de Luna II, señor de Mediana, encuadrado en una rama menor de la Casa de Luna, y por línea materna, María Pérez de Gotor, su madre, señora de Illueca y de Gotor, descendía del infante Jaime de Gotor, hijo del último «reyezuelo» musulmán de Mallorca.[3]

La notoriedad de la estirpe de la que provenía, además de adentrarse en la guerra y en el entorno real, había permitido a la familia copar algunos de los puestos más destacados de la jerarquía eclesiástica. Estaba en el proceso de ocupación de poder dentro de su territorio de origen, antes de asaltar el resto peninsular. Hay que entender que estos linajes se habían consolidado como pilares fundamentales de la corona de Aragón, de los que los Luna formaban parte. Linajes feudales y dominios señoriales que, como afirma Utrilla[4] «son aspectos esenciales para poder comprender y definir las estructuras de una sociedad». A mayor poder, mayor capacidad de introducir miembros de la estirpe en puestos clave de gobierno, lo que, a su vez, permite incrementar el poder. Es el circulo vicioso en el que estas familias acrecientan cada vez más su estatus.

De esta forma, los Luna lograron acumular cargos destacados en distintas instancias, también las religiosas. «Algunos de ellos sobresaldrían ya en el siglo XIV, como Jimeno de Luna, obispo de Zaragoza (1296-1317) y sucesivamente arzobispo de Tarragona (1317-1328) y de Toledo (1328-1337) y, como tal, canciller de Castilla; o Pedro López de Luna, primer arzobispo de Zaragoza (1318-1345) y canciller de Aragón»[5]. Como todo lo relacionado con el mundo medieval, la reiteración de nombres y la falta de documentación lleva en muchos casos a imprecisiones, aunque aquí vamos a seguir los estudios del catedrático y medievalista Moxó.

La fortaleza de los Luna se alimentó con los sucesivos matrimonios que fueron practicándose durante décadas.

---

3 De Moxó y Montoliu, F. (s.f.). Benedicto XIII. Real Academia de la Historia. https://dbe.rah.es/biografias/8383/benedicto-xiii

4 Utrilla, J. F. (1993). Linajes aristocráticos aragoneses: datos prosopográficos del linaje de los Bergua y notas sobre sus dominios territoriales (siglos XI-XV). *Aragón en la Edad Media* (10-11), p. 859.

5 De Moxó y Montoliu, F. *Loc. cit.*

Una progresión lenta pero siempre ascendente. «Había emparentado con los Albornoz, estirpe conquense, a la que pertenecería Gil, sobrino de Jimeno por su madre (Teresa de Luna) y sucesor inmediato suyo en la sede toledana (1338), nombrado cardenal en Aviñón por Clemente VI en 1350 y enviado más tarde a Italia por Inocencio VI como legado para la pacificación de los Estados Pontificios (1353-1367)».[6]

A la vez que se gestaba el vínculo religioso de los Luna, Juan Martínez de Luna, hermano primogénito de nuestro protagonista, hacía lo propio en el ámbito militar, pero en la corona de Castilla. Guerra y religión, dos conceptos tan íntimamente unidos al apellido Luna. El apoyo que dará Juan al futuro Trastámara, Enrique II, lo llevará a luchar con él frente a Pedro el Cruel y, por ello, a estar preso en Sevilla tras la batalla de Nájera. Gracias a su apoyo llegaría más tarde a ser mayordomo del rey. Con ello despejaba el camino para la acción diplomática de su hermano, don Pedro, ya como cardenal legado en Castilla.

Pero volvamos sobre la carrera eclesiástica, que es la que aquí más nos interesa. Los Luna afianzaron posiciones con presencia sucesiva en los más altos cargos de Aragón y Castilla. En este sentido, se abriría también a otras ramas del linaje, como fue el caso del arzobispo de Zaragoza, Lope Fernández de Luna (1351-1381), que tendría una relación de parentesco directo, al ser tío suyo.

Lope se encargó de supervisar la formación de don Pedro, período que determinará el perfil psicológico de nuestro protagonista. En la Baja Edad Media, es en los años de juventud donde «se producen importantes cambios que afectan a la personalidad. Es el momento en el que el individuo se hace responsable por completo de su vida, comienza a trabajar, a tomar sus propias decisiones y a asumir las consecuencias de las mismas».[7] Junto a él aparece

---

6   *Id.*
7   García Herrero, M. del C. (1998). Elementos para una historia de la infancia y la juventud a finales de la Edad Media. En De la Iglesia, J. I. (Coord.). *La vida cotidiana en la Edad Media.* Instituto de Estudios Riojanos, p. 233.

también en estos momentos un apellido que se convertirá en nombre importante en su carrera: Alpartil. Primero con Martín como canónigo tesorero, y después, con su sobrino, como secretario y cronista del Papa Luna. Una amistad que conservará a lo largo de toda su vida.

Fuera del ámbito religioso, los Luna tocaron las más altas esferas del poder civil. Además de ocupar puestos intermedios y representativos en las Cortes, sobre todo aragonesas, la familia llegó al trono a través de María de Luna. De su esposo Martín el Humano fue amigo íntimo el futuro Benedicto XIII. Curiosamente, no sería el principal motor de acceso a puestos civiles de relevancia. Estos vendrían de la mano del propio Benedicto XIII y de su hermano Juan. El nieto de este último, el valido del rey de Castilla don Álvaro de Luna, permitiría consolidar la permanencia en puestos clave para los miembros de la familia. El ejemplo más significativo de comunión de intereses entre Benedicto XIII y don Álvaro sería la llegada a Castilla de Rodrigo de Luna (también sobrino de Pedro) tras la muerte del papa, para convertirse en maestre de la Orden de San Juan del Hospital y liderar los ejércitos de su tío frente a los musulmanes.

Vemos, pues, cómo el linaje de los Luna determinó al futuro papa un espacio vital lo suficientemente consistente como para facilitar la construcción del proyecto intelectual de don Pedro. Los Luna crearon una especie de hábitat que fue creciendo poco a poco en el grupo social dominante y que constituía una espesa red de intereses familiares. Recrearon a la perfección la definición de Utrilla sobre el linaje medieval, que «conforma un amplio entramado o clan familiar, con menciones expresas a los padres o antecesores, a los herederos directos, hijos e hijas, nietos y nietas y, en su defecto, a los sobrinos o sobrinas, sin olvidar a otros miembros fruto del parentesco artificial».[8]

Los Luna, desde el ámbito civil y religioso, habían empedrado el camino para que el apoyo a Pedro en su ascensión

---

8   Utrilla, J. F. (2009). *Op. cit.*, p. 202.

al papado concluyera de manera exitosa. Pero antes de que esto ocurriera, el futuro Benedicto XIII debió seguir un proceso de formación amplio e intenso.

Poco se sabe de sus años de aprendizaje infantil, aparte de que debió pasarlos entre Calatayud y Zaragoza. Pedro tenía dos hermanas y un hermano. Era el segundo en la cadena de sucesión y su formación académica determinaría, en buena medida, el destino final. Al morir su padre, Juan Martínez de Luna, en 1352, se trasladó a Montpellier. Esta población del sur de Francia era destino casi obligado de la alta nobleza aragonesa, así que no fue extraño que siguiera los pasos de otros grandes apellidos del reino. Veremos más adelante la trascendencia de su estancia en esta ciudad en el futuro de Pedro.

En este proceso de formación y crecimiento, no debemos pasar por alto los intereses que precedieron a su deseo de hacer carrera eclesiástica. Fue una etapa que determinaría su carácter y su forma de actuar durante su vida y, en particular, en la etapa del pontificado: Pedro fue, en su juventud, militar, como era costumbre en las familias de la nobleza medieval, y esto le permitiría conocer las estrategias y políticas castrenses en un momento en el que la inestabilidad rodeaba todos los reinos de Europa. Inteligente, llegó a aplicar singularmente los estudios militares a los instantes más complicados de su existencia, y destacó por el aspecto defensivo y guerrero cuando ya ostentaba el poder papal. Su gusto por las armas no desentonaba tampoco de la propia idiosincrasia familiar, que había llegado a tener altas cotas de poder gracias al apoyo guerrero dado a los distintos reyes. Una estrategia similar a la que utilizará el hermano mayor de Pedro, Juan, para posicionarse en la corona de Castilla. El ambiente bélico y el lenguaje castrense formaban parte de la vida diaria de los Martínez de Luna.

Con todo, los derroteros por los que iba a deslizar el futuro de Pedro llevaron a poner en valor su capacidad intelectual. Es el momento en el que, dando un giro definitivo, inicia los estudios en la Universidad de Montpellier, donde se licenció y doctoró en Derecho Canónico y, posteriormente, ejerció como profesor.

Tal cual hemos sugerido, estamos ante una ciudad y una universidad que no habrían de pasar desapercibidas para el lector, dado que en ellas enraizará el Papa Luna su pensamiento más profundo y, a la postre, el más escondido.

Montpellier había formado parte de las posesiones de Jaime I, quien la transmitió en herencia a su segundo hijo, Jaime II de Mallorca. En 1349, sin embargo, había pasado a ser dominio de la Corona francesa. A pesar de esta circunstancia, seguía siendo un territorio de influencia aragonesa, a la cual estaba muy vinculada comercial y políticamente. Hasta qué punto seguiría Montpellier en su órbita que la universidad, reconocida como tal por el papa Nicolás IV (1288-1292), era muy frecuentada y punto de referencia para los estudiantes de la corona de Aragón.

Existe un pequeño baile de cifras para determinar el momento exacto en el que don Pedro Martínez de Luna accede a dicha universidad. Además, el acceso a los estudios se simultaneó con los inicios de su carrera eclesiástica, lo que hace más difícil su comprensión. Lo más aceptado hoy día es que entorno a 1361 consigue dispensa *ex deffectu ætatis* («por defecto de edad») para recibir una canonjía en Valencia. Pedro era hasta ese momento arcediano de Calatayud. Un año más tarde, Pedro obtuvo el grado de doctor en Derecho Civil, aunque decidió continuar en la universidad cursando estudios de Derecho Canónico. En 1366 recibió en Aviñón las órdenes menores y el subdiaconado, cuando contaba veinticuatro años.[9]

A pesar de encontrarse inmerso en su proceso de formación académica, no dejó de mantener contacto con la política y los asuntos de Estado. Eso le permitió participar en un acontecimiento que, sin duda, determinaría su futuro como constructor de un universo nuevo. En 1367, junto con

---

9   Los estudios de Utrilla y De Moxó recogen la mayor parte de los datos más relevantes de la vida de Benedicto XIII, muchos de ellos basados en fuentes más antiguas como Alpartil.

su hermano Juan, facilitó la huida de Enrique de Trastámara en su fuga secreta hacia el reino de Francia. Juan se
encargó del a la postre rey por tierras peninsulares, mientras dejaba en manos de Pedro el acompañamiento por
suelo galo. Además, sería el propio Pedro quien presentase
a Enrique al rey de Francia, lo que le facilitaría la alianza
posterior y las tropas mercenarias que lanzarían contra el
monarca castellano.

Los Luna aparecían así en la historia de Castilla para desequilibrar una guerra civil que parecía ganada por momentos por Pedro el Cruel. Tras enfrentarse ambos en la batalla
de Nájera, Enrique corrió a refugiarse en Illueca, plaza y
castillo de los Martínez de Luna. Un cruce de caminos que
marcará también sus planes (y, por extensión, la historia de
España) y lo llevará a defender de forma intensa, ya papa, la
elección de otro Trastámara como rey de Aragón en Caspe.

Al año siguiente, en 1368, nuestro protagonista cruzó
el destino con otro de los personajes que determinarán
su trayectoria vital. Continuaba con sus estudios de Derecho en Montpellier cuando su paisano el hospitalario aragonés Juan Fernández de Heredia (miembro como él del
consejo del infante primogénito Juan, duque de Gerona)
vio el potencial de don Pedro y mandó a su procurador en
Saint-Gilles que se encargara de la manutención si en algún
momento fuera necesario. No dejen de prestar atención a
este personaje, Juan Fernández de Heredia, que se convertirá en el enlace fundamental para el desarrollo de la estrategia profunda desplegada por Benedicto XIII a lo largo de
toda la península.

El ascenso de Pedro seguía su curso. Se le propondrá al
año siguiente para el obispado de Valencia, que ocuparía
finalmente Jaime de Aragón, primo del rey; y ya en 1370, con
la licenciatura y el grado de doctor debajo del brazo, comenzó
a impartir clases en Montpellier. Tras conocerlo allí, Teodo-
rico de Niem lo describió como «de baja estatura y grácil,
hombre ingenioso y muy sutil descubriendo cosas nuevas»
(*brevis staturae ac gracilis, homo ingeniosus et ad inveniendum res*

novas valde subtilis)».[10] Bien fuera por influencia familiar, bien por los movimientos que realizó mientras estudiaba, bien por su capacidad intelectual, o bien por todo esto a la vez, el hecho es que fue nombrado cardenal diácono de Santa María en Cosmedin, en 1375. El nuevo cargo lo sacó de la universidad, donde dejó de impartir clases; y se convirtió *de facto* en hombre de confianza del papa Gregorio XI.

Hagamos aquí un pequeño inciso en el recorrido de Pedro Martínez de Luna hacia el papado. Es necesario para poder entender y situar en el nivel de importancia que merece la forma en la que el futuro papa aragonés se iba abriendo paso en la jerarquía eclesiástica. En «las relaciones del pontificado con la nobleza, poderes locales y sociedad laica en general (...) aún está casi todo por hacer»[11], en lo que concierne a la investigación. Eso implica que, a pesar de la falta de estudios profundos sobre la influencia y el calado del clero aragonés sobre Aviñón, puede observarse una ausencia de lo que podríamos denominar «corriente aragonesa» en la formación de la alta jerarquía papal. Este influjo se producirá durante el ascenso de Pedro Martínez de Luna, que, junto con Juan Fernández de Heredia, propiciará la ocupación, poco a poco, de espacios de poder eclesiástico. Su ascenso progresivo abriría una brecha definitiva para instalar un poder peninsular que sería fundamental en la llegada al papado de otros dos valencianos: Calixto III y Alejandro VI, los papas Borgia.

Don Pedro, de la mano de Gregorio XI, parecía llamado a jugar un papel destacado en la alta jerarquía eclesiástica de Aviñón en una época en la que Francia controlaba el Sacro Colegio Cardenalicio, período previo a convertirse en el reino cristiano de referencia para Occidente. Su vinculación a las tesis francesas se mostraba más fuerte que nunca, pese al profundo malestar que se gestaba en diver-

---

10   De Moxó y Montoliu, F. *Loc. cit.*; Erler, G. (Ed.). (1890). *Theoderici de Nyem de scismate libri tres: Recensuit et adnotavit Georgius Erler.* Veit & Comp., p. 179.

11   Díaz Ibáñez J. (2001). El pontificado y los reinos peninsulares durante la Edad Media. Balance historiográfico. *En la España Medieval* (24), p. 495.

sos países de Europa por la falta de independencia de la Iglesia frente a Aviñón.

Alejado aún de las presiones políticas y afianzando su relación con el pontífice, Pedro fue nombrado cardenal a los treinta y tres años. Nadie podía sospechar que el papa estuviera allanando el camino de su sucesión en la figura del aragonés, puesto que esto solía prepararse con mucha mayor antelación, como en el caso del propio Gregorio, nombrado cardenal a los diecinueve. Pero estaba claro que el papel de Aragón en la política eclesiástica comenzaba a ser una realidad. Bien es cierto que la relación entre ambos era estrecha desde hacía tiempo y que ambos habían compartido misiones diplomáticas en diversas ciudades. La confianza del uno en el otro era importante.

Durante ese tiempo, la carrera eclesiástica de Pedro continuaba. A la muerte del cardenal de Aragón, Nicolás Rosell, en 1362, se abría una ventana de oportunidad para él. Fue el propio rey Pedro IV quien apoyó el nombramiento de Pedro de Luna, haciendo hincapié «en los grandes servicios prestados a la Corona por su linaje. Además, había muerto el año anterior el cardenal por Castilla Pedro Gómez de Albornoz, sobrino de Gil, por lo que no había en aquel momento en Aviñón cardenal peninsular alguno. El joven Luna, buen amigo de Enrique II, era el candidato ideal, en aquel año en que se había firmado la paz de Almazán entre Aragón y Castilla, estando presente por cierto en su negociación el arzobispo de Zaragoza Fernández de Luna, ya entonces canciller del Reino».[12] Como vemos, toda una conjunción de hechos que ponía en bandeja el nombramiento del aragonés.

El respaldo del pontífice a Pedro, que iba acumulando cargos por delante de otros candidatos de mayor peso, lo llevó a ser nombrado titular de la diócesis de Palermo a la edad de 41 años. La elección era significativa, puesto que suponía una internacionalización del aragonés y la consolidación de funciones diplomáticas dentro de la jerarquía de

---

12   De Moxó y Montoliu, F. *Loc. cit.*

Aviñón. Sus estudios de Derecho y las relaciones familiares ayudarían a dar ese perfil más político frente al papa. Hay que tener en cuenta también que nos encontramos en una etapa de internacionalización de conflictos, como la guerra de los Cien Años entre Inglaterra y Francia (1327-1453), con sus consecuencias diplomáticas para Europa. Esta nueva realidad dotaba a Pedro de mayor peso y responsabilidad dentro de la jerarquía eclesiástica de Aviñón.

El futuro Benedicto XIII había saltado en pocos años desde su cátedra en Montpellier a convertirse en mediador diplomático de la Santa Sede, lo que le confería un lugar determinante junto al pontífice. Es en ese contexto personal cuando estalla, en la siempre turbulenta Italia, la revuelta de Milán. En realidad, no era la primera vez que el duque Bernabé Visconti se enfrentaba al papado. En 1363 ya había tenido que firmar la paz con el papa, tras apresar el jefe del ejército pontificio, Gil Álvarez de Albornoz, a su hijo.

Hagamos aquí otro breve inciso. El personaje lo requiere. Aunque fallecería en 1367 en Italia, Gil Álvarez, cardenal además de comandante, estaba emparentado con Pedro Martínez de Luna por línea materna a través del abuelo de este. Un dato que tener en cuenta en la tupida red de personas que ayudarían a nuestro protagonista a escalar en la jerarquía eclesiástica.

Prosigamos. Tras unos años de relativa tranquilidad entre Milán y los territorios papales, el cruel duque de Milán, descrito así por quienes lo conocieron, se apoderó de diversas plazas pertenecientes a la Iglesia, lo que motivó de nuevo un enfrentamiento frontal entre las partes. La guerra como una realidad permanente en el entorno de Pedro Martínez de Luna. Una realidad vivida no como algo lejano, como enfrentamientos entre Estados, sino como un hecho en el que la Iglesia era parte activa. La guerra como parte de la solución. He aquí cómo los hechos que rodean al aragonés van forjando poco a poco el perfil que emergerá con plenitud durante sus años de pontificado. El papa guerrero no surge de modo espontáneo, sino que enraíza en la misma idiosincrasia de la Iglesia de la Baja Edad Media.

La nueva lucha entre Milán y el papado se inició en 1372, con victorias iniciales del duque. Tras estallar el conflicto, Gregorio XI envió al exobispo de Jaén Alfonso Fernández Pecha, agustino, confidente de santa Brígida de Suecia, a conseguir la intercesión de santa Catalina de Siena para consumar la paz con Florencia. «Una y otra religiosa habían insistido en sus revelaciones y escritos sobre el necesario regreso a Roma de la Sede Pontificia. Catalina acudió a Aviñón, donde además de ser recibida por el papa, tuvo una larga entrevista con el cardenal de Luna».[13]

Ambas cuestiones, el enfrentamiento con Milán y la reunión con Catalina, forjarían dos de las características más importantes del posterior papado benedictino. Como hemos visto, Pedro fue testigo de la militarización eclesiástica y es más que posible que participase en la estrategia desplegada después. Gregorio no dudó en acudir a la fuerza de las armas para imponer su voluntad y, ante la falta de un ejército permanente de cierta envergadura, se rodeó del apoyo de sus aliados: el Sacro Imperio, el reino de Nápoles y el de Hungría. Con ello, logró derrotar al duque y establecer en 1374 una tregua favorable.

Pedro sacó sus propias conclusiones de estos hechos, entendiendo que la fuerza de las armas tenía un peso decisivo también para la Iglesia, en sentido tanto defensivo como ofensivo. Habrá que recordar más tarde la estructura permanente que dio a su fuerza militar, con la designación de un capitán de las fuerzas papales. Incluso este hecho lo diferenció de otros papas existentes durante el Cisma, más pendientes de los nombramientos de cargos que de la estructura de poder administrativo y militar.

Ya pacificado el norte de Italia, el aragonés inició un viaje, el 2 de octubre de 1376, que, a la postre, sería también decisivo en su vida. Acompañó al papa Gregorio a Roma. Su

---

13   *Id.*

peso entre las personas que rodeaban al pontífice comenzaba a ser notorio. La influencia de Pedro era muy superior a la de los otros veintiún cardenales residentes en Aviñón.

La expedición partió del puerto de Marsella, salida natural al Mediterráneo desde Aviñón. Tan importante era para Francia esta ciudad portuaria que, pocos años más tarde, el rey Alfonso el Magnánimo la tomaría como demostración de fuerza frente al rey galo. La pugna con la corona de Aragón, no obstante, aún no había llegado a su punto álgido, por lo que el papa pudo contar con seis galeras para la flota de veinticinco con las que partió hacia Roma. Quizás fuera la primera experiencia de don Pedro con barcos de guerra, armas que serían fundamentales en su mandato de pontífice.

El 17 de enero de 1377, Gregorio entraba en Roma en olor de multitudes. A su lado, siempre el cardenal Luna. Es cierto que ya había fallecido Gil Álvarez, pero emergía en la escena un nuevo personaje mucho más importante que el primero en la vida del después llamado Benedicto XIII: el antes aludido Juan Fernández de Heredia. Había desempeñado un papel fundamental como diplomático de la corona de Aragón en la corte de Aviñón y fue el encargado de portar el estandarte pontificio. Llegaba como almirante de la flota y poco después, relata Moxó, sería designado gran maestre del Hospital[14]. El ascenso y sostén de Benedicto XIII dependerá en buena medida de su trabajo en la sombra. Insisto: retengan ese nombre en la memoria.

Antes de eso, al año de llegar a Roma, Fernández de Heredia se encargaría de una expedición encargada por el papa a Grecia. «Desde hacía varios años, Gregorio XI, alentado en gran medida por el Gran Maestre de la Orden en ese momento, Juilly, había estado intentando reunir una gran flota que emulase una nueva cruzada capaz de detener el avance de los turcos»[15]. El guante lo recogía ahora Fernández de Heredia. Este es uno de los episodios más

---

14   *Id.*
15   Cuartero, R. (2010). Johan Fernández de Heredia: el aragonés que controló el Mediterráneo. *Cuadernos de Estudios Caspolinos* (29), pp. 331-333.

intensos de su perfil caballeresco. Fue apresado y metido en prisión por los albaneses. Una vez liberado, viajaría a Rodas, desde donde volvería, en 1382, a Aviñón. Después de unos años de agitada actividad vital, decidiría descansar en esta ciudad hasta su fallecimiento, catorce años después, siendo ya Pedro papa, en 1396. Durante todo ese tiempo, sería el instrumento esencial de Benedicto XIII para mediar entre las coronas de Castilla y Aragón.

Volvamos sobre la vida de don Pedro en Roma. Nuestro protagonista residió en una casa al otro lado del Tíber pero cercana al castillo de Sant'Angelo, propiedad pontificia desde 1365 y ocupado por una guarnición con presencia española. Ello le permitió estar en contacto permanente con el papado, pero también con la colonia hispana en la Ciudad Eterna, que había ganado un peso notable en los últimos años. Aquella se personificaba en Alonso Fernández Pecha y en hombres como «el que pronto sería obispo franciscano de Córdoba, fray Menendo, y el dominico Gonzalo, penitenciario pontificio. Había además monjes españoles benedictinos en Subiaco»[16].

Fueron meses que Pedro Martínez de Luna aprovechó para desarrollarse como político en el más amplio sentido del término. Como hombre de confianza del papa, se dedicó a dar equilibrio a la pugna entre la oposición italiana y el bando francés. Además, manejó la situación para evitar el contagio en el seno de la Iglesia del ambiente político existente en torno a los Estados Pontificios. Incluso actuó como una especie de diplomático en defensa de los intereses de Aragón dentro de la curia. En este sentido, contó con el apoyo de Roberto de Ginebra, que hacía lo propio con lo referente a Castilla. Una comunión de intereses que no abandonaría nunca y que formaría parte del propio carácter fiel del futuro pontífice.

La relación con este cardenal nos devuelve al entorno bélico. Roberto de Ginebra dirigió las tropas papales con-

---

16   De Moxó y Montoliu, F. *Loc. cit.*

tra Cesena en 1377 y se mostró inflexible en la rendición de la ciudad. Nuestro cardenal tuvo la oportunidad de estar de nuevo en contacto con la estrategia militar por la que tanto se distinguiría posteriormente. Al año siguiente, Ginebra se convertiría en el papa Clemente VII y sería quien cediese el testigo a su amigo Luna. Y también en esta etapa tendría el aragonés la oportunidad de vislumbrar la guerra como solución a un conflicto religioso: la batalla en San Marino, donde se enfrentarían las tropas de Clemente y las de su homólogo romano, Urbano VI. Aquí, el primero saldría derrotado, pero la acción bélica validó su uso como recurso habitual a los ojos del que sería Benedicto XIII.

Además de las actividades ligadas a la política, su estancia en Roma también le permitió acometer otras de tipo religioso, centradas en mantener la ortodoxia religiosa y luchar contra la corrupción de cargos. Unos objetivos que, curiosamente, coincidían con los que años más tarde puso en marcha el valenciano Alejandro VI, el segundo Borgia, y que le costarían la enemistad de Roma.

Entre los trabajos de tipo religioso destacó la investigación de los escritos de santa Brígida junto con los cardenales De Aigrefeuille y Du Puy. La canonización de esta santa había sido promovida por Fernández Pecha, de quién ya hemos dado cuenta.[17] Al final, gracias a don Pedro, se logró un primer juicio favorable. Con ello, el aragonés adelantaba otra de las características que más iban a impresionar a sus enemigos años más tarde: su dominio del derecho.

La vida pública de don Pedro en Roma continuó su ritmo natural hasta que la Providencia quiso que falleciera el papa. Fue el momento decisivo en su longeva existencia. El 27 de marzo de 1378 pasaba a mejor vida Gregorio XI. Tras esto, el 8 de abril se reunió el cónclave para elegir sucesor.[18]

De nuevo se abría el debate sobre el origen que debía tener el nuevo papa. El pueblo de Roma, como siempre, pre-

---

17   *Id.*
18   *Cf.* Gómez Bayarri, J. V. (2016). El contexto político religioso del Concilio de Constanza. *Real Academia de Cultura Valenciana*. www.racv.es/es/racv_digital.

sionó para que el nombramiento recayese en un paisano. Tal y como recuerda Orlandis en su *Historia de la Iglesia*[19], las amenazas de la población a los electores se generalizaron esos días. Los testimonios de los dieciséis cardenales que se hallaban en la Ciudad Eterna en ese momento («once franceses, cuatro italianos y Pedro de Luna») aseguraban que habían sufrido amenazas, incluso de muerte, del pueblo, si no elegían a un romano o italiano. De esta presión se salvaron los otros seis cardenales que permanecían en Aviñón.[20]

El cardenal Pedro Martínez de Luna trató de mantenerse alejado de las presiones externas, algo complicado dado el ambiente hostil de la calle. El aragonés votó por Bartolomé Prignano, arzobispo de Bari que, aunque italiano, se creía cercano a las posturas francesas de Aviñón. Lo que parece clara es la situación de anormalidad en la elección en Roma de Urbano VI, «en un cónclave que vio violadas las estancias del Palacio Apostólico por turbas que amenazaban con la muerte de horca a los cardenales electores, una elección que ellos mismos declararon nula por no libre».[21]

Una vez elegido Prignano como Urbano VI, se prodigaron los homenajes y las felicitaciones. Las alegrías se tornarían pronto en críticas debido, sobre todo, al desprecio del papa por los cardenales franceses, muy al contrario de lo que se había previsto, puesto que se creía que su pasado en la corte de Aviñón lo acercaría más a ellos.

Esta tesitura fomentó la desafección progresiva de quienes le habían elegido y comenzó a estudiarse la validez de la elección y a poner en cuestión su derecho al trono de la Iglesia. Y nuestro cardenal aragonés se dispuso a emplearse a fondo en aquello en lo que siempre destacaba: el derecho.

---

19   Para poder consultar la vasta obra de José Orlandis Rovira de una forma más rápida, lo mejor es acudir a la edición de Rialp, de 2001.

20   De Moxó y Montoliu, F. *Loc. cit.*

21   Alanyà i Roig, J. (2018). La legitimidad teológica y canónica de Benedicto XIII. Crítica a la contradicción oportunista de San Vicente Ferrer. En Simó Castillo, J. B. (Coord.). *El pontificado de Benedicto XIII después del Concilio de Constanza.* Amics del Papa Luna, p. 37.

La situación era tan tensa que cuando Fernán Pérez Calvillo, familiar y confidente de Pedro, sorprendió a este el 18 de abril consultando el *Decreto de Graciano*, le rogó que no lo revelase «por el peligro de muerte que corrían».[22]

Finalmente, Roberto de Ginebra y Pedro Martínez dejaron la ciudad, el 24 del mismo mes, con destino a Anagni, donde permanecía el resto. La relación que mantendrían ambos también ayudaría a la llegada del aragonés al papado.

Pero avancemos con el relato de los hechos. El 20 de septiembre, no sin antes haber intentado que Urbano acatara una nueva elección, los cardenales eligieron en Fondi a Roberto de Ginebra, que efectivamente tomó el nombre de Clemente VII. Recordemos, y no perdamos de vista, su estrecha amistad con Pedro Martínez de Luna. Esta elección contrastó con la de Roma porque fue «un remanso cierto de paz y libertad, donde no hubo horcas, tampoco hordas violentas ni violación de las estancias del cónclave».[23]

Apenas tres meses después, el 18 de diciembre de 1378, sigue Moxó, Luna era nombrado legado *a latere* en los reinos de la península ibérica, una suerte de diplomático con amplios poderes para negociar la adhesión y fidelidad al nuevo pontífice. El lado más político del cardenal se ponía en funcionamiento y se enfrentaba, por primera vez, a una visión de conjunto del territorio ibérico. Desde Aviñón partía, en marzo de 1379, hacía la corona de Aragón, a donde llegaría el 6 de abril. Desde aquí saltaría a Castilla, y lograría el propósito de mantenerla como aliada durante más de una década.

Las gestiones del aragonés habían dado sus frutos tan solo dos años después de iniciar su labor, con la declaración de Salamanca, celebrada en la antigua catedral gótica de esa ciudad y después de un año de deliberaciones desde la asamblea de prelados de Medina del Campo. Con la declaración, el monarca castellano, Juan I, sellaba la alianza con

22   De Moxó y Montoliu, F. *Loc. cit.*
23   Alanyà i Roig, J. *Op. cit.*, p. 37.

Francia como «aliado estructural»,[24] que había nacido con la llegada al trono del primer Trastámara.

La visión global ibérica, que antes mencionábamos, incluía también, aunque con menor intensidad, al reino de Portugal. Sería el siguiente paso del legado Pedro de Luna. Para ello, reforzó su actividad diplomática en tierras lusas con la presencia del que sería san Vicente Ferrer. Pero ni con esas. Sería uno de los pocos fracasos del aragonés.

Hay que decir que la situación parecía ir en el correcto sentido y que el objetivo planteado de inicio podría llegar a buen fin. Sin embargo, la muerte del rey Fernando I en 1383 y la derrota castellana en Aljubarrota en 1385 harían inservibles las tres misiones o «penetraciones anteriores del cardenal en tierras lusitanas (1381, 1382 y 1383)».[25] La más potente sería la primera, donde estuvo presente Vicente Ferrer. La segunda y la tercera, como remarca Moxó y Montoliu, tendrían un claro carácter político, por cuanto se centraron en intentar ganar la adhesión del monarca acordando la boda de su hija Beatriz con el anteriormente referido Juan I de Castilla.

El resto de la península se presentaba más favorable a la actividad del legado papal. Aragón se mostró claramente identificada con las tesis de Pedro Martínez de Luna, mientras que Navarra se inclinaría por el acceso al trono de Carlos III, cuñado del rey de Castilla, en 1390.

Si damos un paso hacia atrás para observar otras iniciativas que llevó a cabo nuestro estudiado, observaremos cómo iba fraguándose en su cabeza la idea de un reino cristiano peninsular unido. Hay que considerar pequeños detalles que refuerzan a las distintas coronas que convivían en este territorio frente al resto de Europa. Es el caso de acciones que pudiéramos entender como coyunturales pero que caminan en el mismo sentido.

---

24 De Juan, J. (4 de febrero de 2019). El cisma (1: la declaración de Salamanca). *Historias de España* [blog]. www.historiasdehispania.blogspot.com/2019/02/el-cisma-1-la-declaracion-de-salamanca.html.

25 De Moxó y Montoliu, F. *Loc. cit.*

Daroca, Zaragoza, Valencia, Morella, Peñíscola y otras ciudades de la corona de Aragón alcanzarían una vitalidad notable durante su papado. Pero fuera de estos territorios también se produjo un florecimiento similar. Tomemos como ejemplo a Salamanca, donde se había proclamado la adhesión de Castilla al pontificado de Aviñón. Pedro Martínez de Luna, aún siendo solo cardenal, tomó parte destacada en la concesión de las primeras constituciones a la Universidad de Salamanca en 1381 y en la creación de las cátedras de Teología. Cuando alcanzó ya el pontificado, otorgaría las segundas constituciones, desde Peñíscola, en 1411. Además, como legado papal, participó en las Cortes de Segovia de 1383 y en las de Palencia de 1388, entre otros actos representativos.

El éxito diplomático en la península ibérica focalizó en el cardenal todas las miradas para intentar lograr también los mismos resultados en Francia, Flandes e Inglaterra, lugares a los que fue enviado como legado en torno a 1393. El posterior papa siguió cultivando amistades y ambientes culturales, sobre todo mientras residió en París, pero las condiciones políticas de estos reinos no eran las de la península y no pudo repetir el triunfo que había logrado una década antes. Regresó a Aviñón el 1 de septiembre de 1394 y, cosas del destino, el papa falleció de apoplejía en ese mismo mes. Se abría ante sí un mundo entero que estaba por descubrir. El nombramiento del flamante pontífice se produciría en la misma ciudad aviñonesa, sin presión ni intimidación de la calle y en un clima festivo de libertad, el 28 de septiembre.

PAPADO EN AVIÑÓN

El origen del conflicto eclesiástico que dominó la Edad Media en Europa habría que encontrarlo, sin duda, en Francia. Este país, en un proceso de búsqueda de identidad y de lucha permanente en todos sus frentes, internos y externos, ahondó en su política de presión sobre la futura Italia. El eterno pulso con Roma por el liderazgo de la Iglesia llegó al punto de máxima tirantez con Felipe IV y el papa Bonifacio VIII. La presión a la que quiso someter Francia a la Santa Sede tuvo unos ecos de dimensiones incontrolables cuyas consecuencias directas no se resolverían hasta medio siglo después.

Benedicto XIII era heredero de la política afrancesada del papado, a la que, en virtud de cómo se iban a desarrollar los acontecimientos, estaba dispuesto a dar la vuelta. No obstante, esta novedosa estrategia lo convertiría a él en el objetivo a batir del rey de Francia. El apoyo que los papas daban al monarca francés y viceversa se vio bruscamente alterado por don Pedro de Luna, vinculado a la corona de Aragón y al poder de la orden templaria, ya desaparecida.

Antes de llegar a ese punto de ruptura, Francia controló con firmeza el papado y los designios de la Iglesia en su propio beneficio, lo que redundó en la pacificación de las fronteras con Italia y en el redireccionamiento de las fuerzas hacia otros conflictos. Era el Papado de Aviñón, que comenzaría en 1305 con la elección del nuevo santo padre.

A pesar del mandato conciliador de Benedicto XI, este tuvo que refugiarse en Perugia para evitar problemas. Algunos estudios indican que allí fue envenenado por orden del rey de Francia. No está claro si el motivo fue ese o una indigestión de higos. El caso es que, tras su muerte, los cardenales celebraron en Roma un cónclave para designarle sucesor. Corrió entonces el francés Felipe IV a procurarse la elección de Clemente V. Con premeditación, al no haber estado presente en el cónclave, este pidió ser coronado, en vez de en Roma, en la ciudad de Lyon. Con este pequeño acto de agravio a la Ciudad Eterna daba comienzo un pontificado cada vez más sometido a los intereses de Francia.

Hasta qué punto se sometió a los deseos galos lo determina el hecho de que, en 1309, obedeciese al mandato del monarca francés de trasladarse a Aviñón, gobernada por la Casa de Anjou, monarcas de Sicilia, que tan unidos estaban a la Iglesia a través de su vasallaje. La inseguridad en Roma, que alcanzó cotas extremadamente singulares, dio el empuje definitivo para acelerar el cambio.

Durante el Papado de Aviñón, hasta siete pontífices residieron en la ciudad francesa de forma consecutiva: Clemente V (1305–1314); Juan XXII (1316–1334); Benedicto XII (1334–1342); Clemente VI (1342–1352); Inocencio VI (1352–1362); Urbano V (1362–1370) y Gregorio XI (1370–1378). La sensación de exilio vivido durante esos años por una gran parte de la Iglesia llevó a algunos historiadores a denominar esta etapa como el «segundo cautiverio de Babilonia».[26]

En 1370 era elegido por unanimidad Gregorio XI, el último papa de Aviñón y el último papa francés. Sobrino de Clemente VI, este noble galo había aprovechado el poder de su tío para ser nombrado cardenal diácono con tan solo 18 años y sin estudios aparentes. Muy cercano a Pedro Martínez de Luna, algo que le benefició en su carrera eclesiástica, tuvo con él una gran relación de confianza e incluso amistad, por lo que, cuando fue nombrado, el 30 de diciembre del mencionado año, todo se le ponía de cara a nuestro protagonista. En 1378, Gregorio XI retornó a Roma con la idea de un acer-

---

26 Bravo Retamal, A. (Ed.). (2021). *Reforma, Iglesia y sociedad: una relectura de la tradición protestante.* Ediciones UCSC, p. 5.

camiento a la Ciudad Eterna después de guerrear por los territorios papales italianos, pero ese mismo año murió.

La muerte de Gregorio XI derivó en una doble elección. «Los italianos, en cónclave en Roma, eligen a Urbano VI, y los franceses, apoyados por el rey de Francia, eligen a Clemente VII, que permanece en Aviñón. La coyuntura europea del momento (...) hizo que se formaran dos polos de alianzas agrupados en torno a los contendientes: Francia e Inglaterra. A la primera se unieron Escocia, Castilla, Aragón e Italia meridional (Nápoles), y a la segunda, Inglaterra, Alemania, Flandes, Italia central y Portugal».[27] Era la primera vez en la historia de la Iglesia que se elegía a dos papas simultáneamente. Además, la coyuntura internacional de la guerra de los Cien Años hacía secundario el Cisma y, hasta que no fue resuelto el conflicto, la Iglesia tampoco resolvió su situación.

En todo este lío de intereses, en el baile de alianzas entre unos y otros reinos que constituyó el final del papado de Aviñón, los dos cardenales que representaban a los reinos de España, el aragonés Pedro Martínez de Luna y el francés Roberto de Ginebra (como embajador de Castilla), se consideraban neutrales. Esa situación sería interesante en el desenlace, que llevó a ambos a lograr el papado de manera sucesiva.

En ese momento crítico, inicio del Cisma de Occidente, «resulta imposible determinar con certeza la validez de la elección de Urbano VI, porque los protagonistas de la misma se manifiestan primero de una forma y luego en un sentido diametralmente opuesto».[28] Además: «Son también diversas las tendencias nacionalistas en ese cónclave: italianos y alemanes se inclinan por Urbano VI y franceses por Clemente VII. Inclinaciones no exentas de intencionalidad política».

27 Solares Acebal, D. (s.f.). El Pontificado y cisma de Aviñón. Autoedición, p. 6. https://academia.edu/3766889/Pontificado_y_cisma_de_Aviñón.
28 García, I. M. (2008). En la estela del Cisma de Occidente: dos nuevas bulas del Papa Luna en los Archivos Capitulares de Zaragoza. *Aragón en la Edad Media* (20), pp. 481-482.

Los roces entre todas las partes en litigio saltaron al poco tiempo de la elección de Urbano, lo que generó una reacción todavía más extrema del papa: el 18 de septiembre de 1378, Urbano VI decidió nombrar un nuevo colegio cardenalicio; eligió a 29 cardenales, de los que veinte eran italianos, con lo que se garantizó la continuidad de su mandato. En el otro bando, como se ha contado, el 20 de septiembre de 1378, los cardenales se reúnen en Fondi (Nápoles) y eligen un nuevo papa en la figura del cardenal Roberto de Ginebra: Clemente VII. Dos pontífices simultáneos regían los destinos de la Iglesia.

Es difícil valorar el período del Papado de Aviñón sin involucrar en ello la política. En función del origen de los estudios, se cargan a uno u otro lado las culpas del proceso. «Los historiadores italianos, sobre todo, pero también en diversa medida los alemanes e ingleses, juzgaron severamente este período del papado que conllevó la residencia del romano pontífice y de su corte fuera de Roma, su ámbito natural. La definición de *cautividad babilónica*, acuñada por Francesco Petrarca en sus invectivas contra Aviñón, hizo fortuna».[29] Todo esto da idea de la crispación que el período causó en el debate del momento.

En cualquiera de los casos, esta coyuntura permitió el crecimiento en la sombra de la corona de Aragón como potencia europea y el posicionamiento de algunos de sus más destacados súbditos en los puestos de relevancia y decisión tanto civiles como religiosos. Entre ellos, Pedro Martínez de Luna, que se formó académicamente y desarrolló su carrera profesional al calor de la corte de Aviñón.

29 Martínez Rojas, F. J. (2000). Las relaciones entre la curia pontificia de Aviñón y la diócesis de Jaén a lo largo del siglo XIV. *Boletín del Instituto de Estudios Giennenses* (175), pp. 418-419.

EL CISMA DE OCCIDENTE

El gran problema político que dividió a los Estados de toda Europa durante la Edad Media fue el Cisma. La bicefalia en la cúpula de la Iglesia fue más allá de la fe hasta convertirse en un conflicto internacional donde cada reino se alineó en uno u otro bando.

A lo largo de casi cuatro décadas, el mundo cristiano estuvo inmerso en la confusión. «La Iglesia se desgarra entre dos obediencias, con un papa reinando en Roma y otro en Aviñón. A pesar de los intentos de compromiso y las amenazas de destitución, en Italia se sucedieron siete papas y en Aviñón dos».[30] A lo largo de este tiempo, cada bando trató de convencer al mayor número de posible de reyes, con el objetivo claro de imponer su doctrina. Este movimiento, que algunos autores han descrito como la «guerra de legados», invadió todos los reinos y señoríos. Francia, el condado de Saboya y Escocia se alinean con Clemente, mientras Inglaterra y el Sacro Imperio se ponen de parte de Urbano. En este baile de apoyos, las individualidades llevaron a algunos territorios alemanes, los más occidentales y meridionales, a unirse a los postulados de Clemente. La actitud de la corona de Aragón, cuna de Pedro Martínez de Luna, fue mantener su política cercana a los pontífices de Aviñón aunque con la lógica prudencia a que la obligaban los cambios continuos de criterio del rey de Francia.

El ambiente de enfrentamiento entre las partes se puso de manifiesto con una de las primeras medidas a cargo de

---

30   9 papas en Aviñón. Siete papas y dos papas cismáticos (s.f.). *Palais des Papes*. https://palais-des-papes.com/es/content/9-papas-en-avinon.

Clemente VII: intentar la conquista de Roma para imponer su legitimidad como papa. Este movimiento estratégico sería también fundamental para la estructuración de los dos bandos, como veremos enseguida. El papado entró en una fase de enfrentamiento directo, con la disposición de ejércitos sobre el tablero. Una vertiente militar que pesaría también en la actitud posterior de nuestro Benedicto XIII. Hay que tener en cuenta que Pedro Martínez de Luna formaba parte de los acontecimientos y que sus nexos con el mundo de la guerra habían sido estrechos.

Finalmente, los soldados del papa de Aviñón fueron vencidos en Marino por el ejército de Urbano VI. La derrota, al contrario de lo que pudiera parecer, supuso la consolidación del Cisma, al asentarse desde entonces Aviñón como residencia papal frente a Roma. Corría el año 1379. Los hechos habían determinado que Clemente, derrotado, corriera a refugiarse a Nápoles, donde recibió la ayuda de la reina Juana I, cercana al monarca francés. Nápoles, siempre como piedra angular de la pugna frente a Roma. Esta vez, no obstante, toda la capacidad del reino no fue suficiente para proteger al papa, que se trasladó así hasta Aviñón.

A partir de ese momento comenzó una pelea diplomática y en ocasiones paradójica, pues Urbano y Clemente llegaron a excomulgarse uno al otro; es decir, que los cristianos de ambas partes estaban excomulgados y la Iglesia, por tanto, no tenía fieles legítimos. Aunque el conflicto se mantuvo, sobre todo, a nivel de las altas esferas: la sociedad, en su conjunto, fue ajena a esta realidad y continuó con su ritmo habitual y sus propias creencias. Con todo, es cierto que la situación se prestaba a la confusión: dos personas diferentes sostenían con igual fuerza y reclamaban para sí ser representantes únicos de Dios y de su Iglesia. En los primeros instantes, cuando algunos reinos no habían definido con claridad su postura frente al Cisma, aparecieron algunas diócesis con dos obispos, monasterios con dos abades o parroquias con dos párrocos. Pero, poco a poco, se fueron adaptando a la actitud política que mantenían sus monarcas.

«Toda la cuestión fue enfocada desde un punto de vista jurídico; y la respuesta fue así mismo jurídica».[31] Un ámbito que dominaba Pedro Martínez de Luna y que exhibirá siempre a lo largo de los años en defensa de su nombramiento como papa.

Cuando Urbano VI, el papa romano, muere en 1389, se vislumbra un rayo de esperanza al entender que podría unificarse de nuevo el papado. Por su parte, Clemente VII maniobró para ser reconocido como único pontífice legítimo. Pero el Cisma se tornó irreversible cuando, en Roma, los cardenales seguidores de Urbano eligieron a Bonifacio IX. Atrás quedaba cualquier posibilidad de reconciliación.

«Todo ello da cuenta de la existencia de un clima de exaltación de las controversias originadas por el Cisma».[32] Y esto conllevó también un aumento de la tensión en las relaciones internacionales y en la formación de bloques en Europa.

Desde entonces, las posiciones se atrincherarían sin posibilidad de entendimiento. Así, a la muerte de Clemente VII, papa aviñonés, en 1394, sus cardenales fieles se reunieron en cónclave en Aviñón y eligieron pontífice al cardenal Pedro de Luna, nuestro protagonista, quien tomó el nombre de Benedicto XIII.

En la sede de Roma, los fallecimientos eran más rápidos, pero en ningún caso dieron tampoco oportunidad a la unificación. A Bonifacio IX le sucedió Inocencio VII (1404-1406) y a este Gregorio XII (1406-1415). El Papa Luna, en cambio, permaneció en el pontificado hasta el término del Cisma.

Podría decirse que fue Benedicto quien propició, en último término, el final del Cisma. Menos manejable que su antecesor, marcó una política de distanciamiento e independencia frente al monarca francés. Además, el apoyo sin fisuras de la corona de Aragón, enemiga de Francia, acabó

---

31 Suárez Bilbao, F. (1996). Algunas cuestiones jurídicas en el Cisma de Occidente. *Cuadernos de Historia del Derecho* (3), p. 273.

32 Sánchez Sesa, R. (2006). El Cisma de Occidente en la Península Ibérica: religión y propaganda en la guerra castellano-portuguesa. En *Estudos em homenagem ao professor doutor José Marques* (Vol. 4). Faculdade de Letras da Universidade do Porto, p. 314.

de empujar a esta a cambiar de bando y a apoyar el discurso de la búsqueda de una solución que pasara, claro está, por la deposición del Papa Luna.

La solución al problema cismático estuvo a punto de consumarse en 1407. Los dos papas, Gregorio XII y Benedicto XIII, acordaron encontrarse en Savona para abdicar conjuntamente, lo que hubiera supuesto abrir una nueva elección. Sin embargo, ambos se arrepintieron y decidieron no ceder la corona papal.

Francia estaba resuelta, a pesar de todo, a terminar con el papado de Benedicto, que suponía tener abierto dos frentes políticos en sus ambiciones expansionistas. Para lograrlo, presionó a algunos cardenales de Aviñón, de obediencia francesa, hasta convertirlos en disidentes. Unió estos a las ciudades del norte de Italia y a la Universidad de París, que había sido tradicional sostén del papado aviñonés. Todos ellos llegaron al acuerdo de convocar un Concilio en Pisa, al cual se adhirieron de forma inmediata los alemanes y los ingleses.

El concilio comenzó en marzo de 1409, llamando a los dos papas a comparecer en calidad de acusados. Ninguno de los dos acudió al encuentro, deslegitimando de entrada el evento con ello. Pese a esta circunstancia, la presión de Francia provocó que siguiera adelante y, en junio, se acordó la deposición de los dos pontífices, considerados herejes y cismáticos. Una vez destituidos, convocaron con rapidez un nuevo cónclave con los 24 cardenales presentes y eligieron como nuevo papa a Pedro Philargés, quien tomó el nombre de Alejandro V.

Desde un principio, se puso en duda la convocatoria y la legitimidad del concilio. Bien es verdad que un número significativo de obispos y cardenales resolvieron secundarlo e hicieron acto de presencia en Pisa. Como siempre, todos ellos estaban decididos a seguir al papa en obediencia, aunque esta solía durar bastante poco.

La principal de las cuestiones esgrimidas para dudar del concilio fue que ni teólogos ni cardenales creían que fuera legal que lo que determinasen los presentes pudiese deponer al papa. Incluso dudaban de que la misma deposición se pudiera llevar a cabo, puesto que el nombramiento del pontífice era vitalicio. El resultado, ante tanta duda, provocó la reacción contraria a la que se esperaba de la cita: el Cisma se agravó y apareció un tercer papa en escena.

Esta situación tan complicada no vio ni un poco de luz con el fallecimiento del papa Alejandro V, italiano, que solo duró un año en el cargo. Fallecía en Bolonia, pero los italianos eligieron pronto como sucesor a Baldassare Cossa en 1410. Tomó este el nombre de Juan XXIII y el hecho es que complicó la situación política del Cisma.

Benedicto XIII contaba con el reconocimiento de Aragón, Navarra, Castilla y Escocia. Continuaba residiendo en Aviñón, pero acosado y asediado por el ejército del rey de Francia. Cuando la situación se hizo insostenible, como desarrollamos en este mismo libro, huyó a la corona de Aragón para establecerse definitivamente en Peñíscola en 1411. Por su parte, Gregorio XII también se vio obligado a huir de Roma a Gaeta y a Rímini. Ni uno ni otro renunciaron a sus cargos.

En este callejón sin salida emerge la figura del emperador Segismundo, que vio una oportunidad para legitimar su aspiración a liderar la política europea con la tutela en la reunificación de la Iglesia. Deslegitimada Francia por su posicionamiento y su papel en el origen del Cisma, el «rey de romanos», Segismundo, se alzaba como el gran mediador. En 1410 había dado su obediencia a Juan XXIII, pero se decidió por convocar, en octubre de 1413, un nuevo concilio para la unificación al que el papa confirmó su asistencia.

El concilio se inició en noviembre de 1414. Con la experiencia del anterior, tutelado por Francia, Segismundo dispuso que se debatiera sobre los derechos del concilio, del papa y del emperador, además de sobre la reforma de la Iglesia, entre otros temas. Juan XXIII, el único de los tres papas que estaba presente, se mostró contrario a los movimientos de Segismundo para controlar el papado y, en lugar de abdicar, huyó de noche disfrazado.

La maquinaria del emperador se puso en marcha para presionar a los tres pontífices. Juan XXIII fue destituido y hecho prisionero en mayo de 1415 y Gregorio XII renunció al pontificado ante Segismundo. Llegaba el turno de Benedicto XIII.

El emperador viajó a Perpiñán para reunirse con el Papa Luna, pero no llego a un acuerdo de renuncia del cargo. Los movimientos diplomáticos llevaron la presión hasta los reinos que aún apoyaban a Benedicto. Segismundo logró, en último término, que Castilla, Navarra y Aragón cediesen y le abandonaran, al menos de forma nominal. Este hecho permitió que Benedicto XIII fuera depuesto por el concilio en julio de 1417, con los mismos cargos de cismático y hereje. Pero el Papa Luna siguió sin renunciar y contó con la protección de la corona de Aragón.

Los alemanes, preocupados por su nuevo papel de árbitro internacional y por el poder que ganaban en el nuevo orden, quisieron ante todo decretar las reformas indispensables de la Iglesia. Ello motivó la reacción del resto de reinos, que temían la ambición del emperador y exigían la deposición definitiva de Benedicto.

En el cónclave de noviembre de 1417 fue elegido como papa Otón Colonna: Martín V. El papado había sido reducido de tres a dos pontífices, pero la anomalía funcional continuaba abierta.

Martín V, de familia aristócrata romana, representaba todo lo contrario que Benedicto XIII. El papa español encarnaba la sencillez y la ausencia de amor al dinero idealizada por las órdenes religiosas, mientras que, en lo que respecta a Martín V, allí donde residía era objeto de insultos por sus enormes gastos y la riqueza de la que hacía gala.

Su mayor preocupación fue la figura del papa aragonés, a quien intentó asesinar en varias ocasiones y cuya reputación trató de desprestigiar para convertirse en el único pontífice de la Iglesia de Roma, dado que Benedicto XIII no había renunciado a su papado. No obstante, el Cisma no terminaría hasta después del fallecimiento de su enemigo, quien cada vez contaba con más apoyos entre la población. De hecho, se esgrimía una y otra vez su longevidad (como se ha señalado, vivió 94 años) como prueba de legitimidad frente a Martín V, lo que aumentó día a día el odio de este hacia Benedicto XIII.

«El Cisma de Occidente y el Concilio de Constanza fueron consecuencia del cambio de mentalidades y de la crisis de los estados de fe en la Europa cristiana en el tránsito del siglo xiv al xv».[33] Era una Europa en tránsito que supo ser visualizada por Benedicto XIII pero a cuya vorágine no pudo escapar.

---

33   Gómez Bayarri, J. V. *Loc. cit.*

PAPADO EN PEÑÍSCOLA

La huida de Benedicto XIII de Aviñón supuso para la historia el final del papado en tierras francesas. Su destino definitivo, Peñíscola, sería un entorno urbano que le recordaba bastante al de la ciudad francesa de la que había escapado. Como hemos visto con anterioridad, el Papa Luna huía del asedio de las tropas francesas en mitad de la noche para llegar, con ayuda del rey Martín el Humano, a Marsella, desde donde embarcaría rumbo a la corona de Aragón, con el objetivo puesto en el castillo peñiscolano.

La elección de esta ciudad como refugio y posterior residencia permanente del papa Benedicto XIII convirtió *de facto* y *de iure* a la ciudad en sede papal, con todo lo que ello significaba para el conjunto urbano y para la propia Corona. Un golpe de efecto de la política diplomática del rey aragonés a la monarquía francesa, que veía caer su hegemonía en el Mediterráneo occidental en detrimento del primero. No solo ponía en peligro esa supremacía geoestratégica, sino también la religiosa. La unión de ambos elementos relegaba a Francia a un papel secundario después de haber estado controlando los designios de la iglesia durante todo el siglo XIV.

En este nuevo marco estratégico, Benedicto XIII supo ganarse el apoyo de los reinos peninsulares. La lectura inmediata que se realizó en todas las cancillerías fue el nacimiento de un poder occidental, el de España como conjunto, que venía a cuestionar la preeminencia del Sacro Imperio y de Francia. Lograr controlar el papado suponía abrir las puertas a convertir a la Corona en el reino de referencia en Europa y, como sostenía la doctrina de la Orden del Temple, construir el principio de un gran reino cristiano que tuviera capacidad para enfrentarse a los musulmanes en Oriente, incluida Tierra Santa.

Evidentemente, los franceses no estaban dispuestos a facilitar el ascenso de la corona de Aragón. Por ello, la pervivencia en el papado de un aragonés empujaba a entregar más armas a su enemigo. Era prioritario, pues, deponer a Benedicto XIII e intentar recuperar la influencia de las décadas anteriores en el papado. El giro estratégico en la política de Francia con respecto a la Iglesia no hacía sino poner en valor la fuerza creciente de la corona de Aragón.

Francia ya había tratado de asfixiar al papado de Aviñón en 1398, privándolo de su sostén económico y político. Además, coaccionó constantemente a Benedicto XIII para que dimitiera de su cargo, sin ningún éxito. Por último, Francia le retiró su apoyo, arrastrando en esa decisión a Portugal y Navarra, que también dejaron de reconocerlo como papa, acompañados de diecisiete cardenales que abandonaron la obediencia a Aviñón. Tan solo le mantuvieron su reconocimiento la corona de Aragón, Castilla, Sicilia y Escocia.

Durante este tiempo, Benedicto siempre defendió la legalidad de su elección frente a los otros papas simultáneos. Basándose en sus estudios de Derecho, demostró que él era el único cardenal en el momento de su elección, luego no debía dimitir ni renunciar. La posición del aragonés permaneció invariable mientras él veía cómo iban falleciendo sus enemigos uno tras otro. En realidad, «el concilio fue el último remedio que se puso en marcha para poner fin al Cisma, tras el fracaso de otros intentos por solucionarlo: bien por medio de la fuerza, bien por cesión de los papas».[34] En medio de todos estos intentos, nuestro protagonista siempre salía vivo. Pero Constanza iba a suponer un punto de no retorno.

---

34   Navarro Sorní, M. (2018). El concilio de Constanza y la deposición de Benedicto XIII. En Simó Castillo, J. B. (Coord.). (2018). *Op. cit.*, p. 11.

Los movimientos del emperador Segismundo, que se alzaba como alternativa al rey de Francia, lograron que se impusieran las tesis conciliaristas, que defendían que el concilio era superior al papa, con lo que este quedaba a merced del primero. La medida suponía, de hecho, la capacidad de deponer legalmente al papa, aunque este se opusiera o se negara. En 1415, el Concilio de Constanza deponía y consideraba herejes y antipapas tanto a Juan XXIII como a Benedicto XIII y elegía a Martín V como único pontífice de la cristiandad. El papa Luna, que se encontraba en Peñíscola cuando fue informado del nuevo escenario, no varió su posición, reforzada por el compromiso del monarca aragonés de defenderle.

El rey Alfonso V, cuyos objetivos políticos estaban en Nápoles, mantuvo su protección sobre el aragonés. No obstante, y el propio rey era consciente de ello, la figura y el peso político del pontífice se vieron mermados, tanto en el ámbito internacional como en el de la corona de Aragón. Por su parte, el monarca obtenía un arma de máxima importancia para negociar cualquier tema internacional: la amenaza de perpetuar el Cisma. Alfonso, en efecto, había proyectado su reinado hacia Nápoles, que aspiraba a gobernar y donde pasaría el resto de su vida junto a su *esposa* italiana. El papa de Peñíscola tuvo una función, a partir de entonces, de elemento de presión en su lucha contra el rey de Francia y en su consolidación como rey de Nápoles.

A la muerte de Benedicto, el papado de Peñíscola se puso sobre la mesa como elemento negociador ante la Santa Sede. El sucesor de Pedro Martínez de Luna, Clemente VIII, se sostuvo con el título de máximo responsable de la Iglesia hasta 1429, aunque el cargo era más honorífico que real y se convirtió en un instrumento político del rey. Ese fue el año en el que presentó la renuncia en la población de San Mateo. El rey Alfonso había logrado ya sus objetivos políticos y económicos sobre el papa Martín V.

Estos hechos coincidieron en el tiempo con el apoyo que Martín V dio a los franceses en sus aspiraciones sobre Nápoles, así como a las revueltas que allí tuvieron lugar. No es casualidad, pues, que la sucesión de hechos en Peñíscola favoreciese los intereses del rey Alfonso, desde el ocultamiento de la muerte de Benedicto hasta la elección y coronación de su sucesor, Clemente VIII.

Mapa ilustrativo de la presencia de las distintas órdenes religiosas asentadas en la corona de Aragón y el reino de Valencia, cuando nacen la historia y la leyenda del Papa Luna. La Orden del Temple y sus herederos jugarán un papel clave en su trayectoria.

II. EL PAPA TEMPLARIO

Determinar la filiación templaria del Papa Luna es algo arriesgado por cuanto su posición de pontífice lo sitúa por encima de cualquier otra clasificación religiosa. Es lógico, pues, que el aragonés no tuviese una filiación directa en los templarios o en sus herederos. Sin embargo, no es menos cierto que todo cuanto lo rodeó tuvo que ver, de manera directa o indirecta, con aquellos.

El hecho en sí podría ser circunstancial si no fuera por la determinación del Temple de lograr de la corona de Aragón y de la península ibérica un gran reino cristiano frente al Oriente musulmán. Si a ello añadimos la filiación, esta sí, de la monarquía aragonesa al Temple, podremos concluir que las decisiones políticas que tomó Benedicto XIII bien pudieron ser consecuencia de la determinación templaria sobre los territorios peninsulares. O, si lo describimos mejor, las acciones de Pedro Martínez de Luna tuvieron como origen intelectual las grandes directrices de la Orden del Temple. El universo construido por nuestro protagonista bebió de los principios templarios, como también de los de la Orden Hospitalaria, coetánea de la primera. Situado ante una estructura intelectual desarrollada durante muchas décadas, Benedicto XIII trató de concretarla en hechos reales. Fue constructor a la vez que arquitecto.

Trataremos de demostrar en este capítulo no solo la vinculación de don Pedro Martínez de Luna con el Temple, sino también su determinación política en la consecución de unos objetivos templarios claros y nítidos.

Ese era el verdadero secreto de la Orden del Temple: su apuesta política por la dinastía aragonesa en detrimento de la francesa, de donde eran oriundos. Cuando esta se hizo evidente, la persecución y aniquilación de la orden en Francia no se hizo esperar. Pero no ocurrió lo mismo en el resto de los países y mucho menos en la corona de Aragón. Aquí, la capacidad de dirigir los destinos del reino se mantuvo intacta.

CASTILLO TEMPLARIO

La ciudad de Peñíscola se convirtió, durante años, en el foco de las miradas de toda la cristiandad. La antigua fortaleza templaria acogió a Benedicto debido, en gran parte, a la estrategia política de la corona de Aragón. Pero no solo a eso. Su emplazamiento geográfico, su origen templario, su vinculación con Valencia (donde residía el rey y la reina) o su estrecha relación con la Orden de Montesa, heredera del Temple, y su cercanía a San Mateo y Alcalá de Xivert, localidades bajo su jurisdicción, determinaron la elección como sede papal.

La identificación de Benedicto con esta ciudad llegó a ser tan profunda que su mano derecha, Jean Carrier, apodaría a una población cercana a Aviñón como «la pequeña Penyscolette», en referencia a su parecido con la sede papal.

De la pequeña península que asoma al mar Mediterráneo hizo el Papa Luna su centro de operaciones, su fortaleza, no solo en el sentido estricto de la palabra. Desde ella ordenaba, coordinaba, pontificaba y disponía su flota naval o sus soldados para demostrar al mundo la legalidad de su mandato y la determinación de su obra.

La elección de Peñíscola, como decíamos, no fue una elección realizada al azar o producto del capricho del aragonés. La relación de Benedicto con los templarios, ahora sucedidos por la Orden de Montesa, al igual que con la casa real de Aragón, era estrecha y respondía a un proyecto más amplio, como comprobaremos más adelante.

La fortaleza no fue concluida por completo según el proyecto inicial, de suerte que quedaron sin desarrollarse aquellos elementos que forman parte intrínseca de una orden religiosa, como el refectorio o la sala capitular, que estarían encajados en lo que hoy día es la balconada, junto al patio de armas. Este hecho demostraría, a su vez, el origen eclesiástico y templario de la construcción medieval.

El castillo fue encargado y construido por la Orden del Temple, aunque los trabajos no partieron de cero, sino que se aprovecharon los restos de la antigua alcazaba árabe. Esta circunstancia solía ser habitual en la Alta Edad Media, donde el proceso de reconquista llevó a reutilizar la ingeniería civil musulmana.

La construcción se llevó a cabo entre 1294 y 1307. Una obra de estilo románico con clara vocación defensiva que pretendía convertirse en un enclave estratégico para el control del Mediterráneo. Cuando el Temple desapareció, perseguido por el rey de Francia, su organización, estructura y posesiones pasaron a manos de la Orden de Montesa en la corona de Aragón. Ello supuso que la titularidad de la fortaleza también fuera transferida.

Al llegar Benedicto, adaptó el castillo a las necesidades del papado. El Papa Luna lo convirtió en su sede pontificia en 1411. Para ello, reformó modestamente el castillo al objeto de establecer en él las estancias pontificias. Los cambios siguieron las líneas sobrias de la construcción templaria, muy en concordancia con la propia forma de ser del papa. Otra de las modificaciones más destacadas que llevó a cabo fue la de adaptar y ampliar parte de su interior para establecer una de las bibliotecas más importantes del cristianismo. Dicha biblioteca albergaba algunos de los títulos que trajo consigo desde Aviñón y que eran textos fundamentales para la administración de la Iglesia, como el *Liber censuum*. Además, la formación académica y profesional del pontífice hizo de él un erudito interesado en agrandar la colección de libros con los manuscritos más significativos de Occidente.

En buena lógica, el papa invirtió tiempo y dinero en la reconversión de la basílica templaria en un templo apto para uso eclesiástico. La función de este espacio adquirió una nueva dimensión al convertirse la ciudad en sede papal, lo que suponía dignificar la celebración de cultos y albergar, entre otras, la toma de posesión de distintos cargos eclesiásticos. Técnicamente, se adaptó al entorno, uniéndose a las características constructivas del resto de estancias. Se incorporó el presbiterio, lo que permitió formar el ábside semicircular cubierto con una media cúpula de cascarón. Se trataba de ligeros ajustes para la dignidad que confería su cargo. Además, se encargó a diversos artistas una leve redecoración con algunos frescos y bajos relieves que aún perviven hoy día.

Con el tiempo, la dignificación del templo y de la propia ciudad experimentó un nuevo impulso tras convertirse, durante algún tiempo, en morada de los restos del pontífice. A partir de entonces, la fisionomía del castillo apenas varió, al menos de las murallas hacia adentro.

No era la primera obra en la que intervenía Benedicto. El desarrollo cultural a lo largo de su mandato se extendió por toda España, desde Zaragoza hasta Valencia. También más allá de la corona de Aragón, llegando a algunas ciudades de la corona de Castilla con construcciones patrocinadas o promovidas por el propio pontífice. En este punto, hay que recordar que Benedicto no era un papa aislado, individual, sino que contaba con toda una red de seguidores, además de con el apoyo de diferentes reinos, de la antigua estructura templaria y, sobre todo, de pertenecer a una de las familias más ilustres del siglo en Aragón y Castilla. Su sobrino, Rodrigo de Luna, estableció vínculos determinantes en Castilla, mientras su otro sobrino, don Álvaro de Luna, ocupaba distintos cargos hasta llegar a convertirse en el valido del rey Juan II y dominar la política de toda la Corona desde Segovia. Además, recordemos que, mientras fue legado papal y cardenal bajo el mandato de Clemente VII, su presencia en Castilla lo llevó a impulsar iniciativas de todo tipo, como la Universidad de Salamanca.

Las intervenciones del papa en el castillo, lejos de desaparecer, dotaron a la fortaleza de una personalidad propia que ha pervivido en el tiempo. Cuando uno camina entre sus muros, sin darse cuenta, puede observar la mano de Benedicto en la nombrada y austera basílica, de una sola nave, la cual se alza sobre un plano de planta rectangular y se cierra al cielo con una bóveda de cañón, muy al estilo románico, pero algo apuntada; además, se cerraba sobre el ábside con una no muy exagerada cubierta esférica. Pero también en el Salón del Trono, donde recibía embajadas y recepciones; en el Salón del Cónclave; en el pequeño estudio con ventanas al mar en el que llevaba a cabo algunas de sus últimas obras literarias; en las habitaciones pontificias; o en pequeñas reformas realizadas a lo largo de todo el edificio, como en las caballerizas o el mismo patio de armas.

El castillo reforzaba, con la sede papal, el papel centralizador del entorno geográfico. Durante la etapa de dominio de los caballeros templarios y, posteriormente, de la Orden de Montesa, la ciudad fue sede y sostén de su encomienda, centralizando la organización administrativa y económica de ambas órdenes. La llegada del pontífice la dotó de una nueva dimensión internacional.

La ciudad afianzó para la posteridad su condición de sede papal, más allá de la figura del propio Benedicto, al acoger también en su seno a Clemente VIII, su sucesor, el también aragonés Gil Sánchez Muñoz. Este se convirtió en el segundo papa de Peñíscola y consolidó la proyección internacional de la fortaleza frente a Roma. Su mandato, no obstante, sería breve, el tiempo necesario para que el rey, Alfonso el Magnánimo, negociara con el papa Martín V la renuncia de Clemente y la reunificación del catolicismo en una sola cabeza de la Iglesia. Un acto que, paradójicamente, permitiría establecer las bases para que otros dos valencianos alcanzasen la dignidad papal: los referidos Borgia.

Cabría aquí señalar, siquiera como un esbozo, los avatares a los que tuvo que sobrevivir el castillo. Su importancia menguó con la pérdida de la sede papal, pero el valor estratégico que atesoraba le permitió sobrevivir hasta nuestros días. Los ojos de Felipe II se posarían en él como baluarte frente a los ataques berberiscos y lo dotaría de murallas adaptadas al entorno urbano, levantadas entre 1576 y 1578.

Pero la historia no sería siempre tan benévola y pasaría factura a modo de destrucción. En la guerra de sucesión, Peñíscola se puso del lado de Felipe V, lo que conllevó diversos asedios y embestidas de las fuerzas inglesas del archiduque Carlos en 1705 y 1707. Se reforzaron las defensas y se dotó a la fortaleza de una mayor independencia estratégica, pero eso supuso también la modificación parcial de los planos originales del castillo.

Un siglo más tarde, las tropas españolas tornaban a bombardear la fortaleza hasta destruir una de sus torres, la que se encontraba junto a las estancias papales. En 1814, las tropas del general Elio trataban de recuperar el enclave, que estaba en manos del ejército napoleónico. Hoy pueden verse las huellas de aquel ataque en los muros del castillo.

La historia quiso que fuera esta la última vez que la fortaleza sufriera los efectos negativos de la guerra.

ORIGEN TEMPLARIO DEL PAPA LUNA

Uno de los aspectos menos estudiados y que posiblemente más incidencia tuviera en la política y la diplomacia de Benedicto XIII fue su vinculación con la antigua Orden del Temple. Su castillo, las personas que le rodean en el mandato pontificio, los mentores que le ayudan en su carrera hacia el papado, los cargos que establece y le sobreviven a su muerte, los lugares elegidos para negociaciones y firmas de acuerdos y, sobre todo, el objetivo subyacente en toda su obra tienen una constante: los templarios.

Establecer la vinculación de Benedicto XIII con los herederos de esta orden de caballería resulta, pues, un ejercicio ineludible para entender la actuación y las decisiones que tomó el aragonés a lo largo de su vida. Evidentemente, de forma legal, es decir, plasmado sobre el papel, el Papa Luna no era templario. Pero esto no significa que el corpus fundamental de su obra no estuviera profundamente impregnado por ellos.

La Orden del Temple fue creada en 1118. Sus fundadores, franceses, los caballeros Hugues de Panys y Godofredo de Saint-Omer. Como venimos remarcando, uno de sus objetivos principales era la consolidación de un reino fuerte y hegemónico en Occidente capaz de enfrentarse, frenar e incluso vencer a los musulmanes en Oriente, con lo que eso podía suponer también de recuperación de la ciudad de Jerusalén.

Como cabría esperar, su origen galo ya adelantaba un apoyo sin fisuras hacia la monarquía francesa. Sin embargo, la división interna, la falta de consolidación de un espacio territorial propio, la inseguridad de sus múltiples fronteras (Inglaterra, principados alemanes, corona de Aragón y los distintos territorios italianos) terminaron por desequilibrar la balanza en favor de la monarquía aragonesa.

Hay que recordar también que la dinastía real aragonesa como un ente vinculado a la Orden del Temple surge en ciudades más allá de los Pirineos, pertenecientes en esos momentos a la Corona. No hay más que ver el origen de Jaime I, precursor del apoyo templario a la Corona peninsular: Montpellier. Es lógico pensar, pues, que fuera en esos territorios donde entroncara con el pensamiento y la filosofía templaria.

En este contexto, una orden a caballo entre dos reinos potentes, el francés y el aragonés, terminó apostando por crear y moldear una dinastía y un reino emergente, el segundo, frente a otro lleno de incertidumbre y caracterizado por relaciones feudales mucho más cerradas y limitativas del poder real, el primero.

No es gratuito, por tanto, asegurar que esta orden jugó un papel básico en los primeros años de consolidación y expansión de la corona de Aragón, y del reino de Valencia en particular, y constituyó lo que podríamos denominar «dinastía templaria».

El nacimiento de esa dinastía se producirá bajo el reinado de Alfonso I el Batallador (1104-1134), un escenario donde la posición del reino francés también estaba comprometida. Al final de su mandato tendrá lugar en el Concilio de Troyes, celebrado entre 1128 y 1130 bajo los designios de san Bernardo de Claraval. Es este el momento en el que se crean los estatutos y el lema de la Orden del Temple, bajo la regla de san Benito, y también cuando comienza a concebirse la idea de que el santo Cáliz, custodiado en el monasterio de San Juan de la Peña, determine y marque el linaje del gran reino cristiano de Occidente.

La tradición señala que, tras la conquista de Jerusalén en 1099, durante la primera cruzada, después de varios años de excavación bajo el Templo de Salomón, se encontraron las reliquias de Bizancio, entre ellas el santo Cáliz. El destino de esta última vino determinado por el deseo de Sixto II de que fuera custodiada en Huesca, patria de san Lorenzo, su diácono. De esta forma, el monasterio de San Juan de la Peña se convirtió en anfitrión de una de las reliquias más importantes de la cristiandad.

El entronque directo del Temple con la dinastía aragonesa se produce con la muerte, en 1134, de Alfonso I el Batallador. El rey, sorprendentemente, nombró como herederas a las órdenes de Jerusalén (Orden del Temple, Santo Sepulcro y San Juan del Hospital). Tras esta decisión, se pactó el matrimonio de la reina Petronila de Aragón (sobrina de Alfonso I el Batallador) con el caballero Ramón Berenguer IV, cuyo padre había ingresado años antes en la Orden del Temple. Este matrimonio enlazaba directamente a una familia de sangre real con los templarios y quedaba bendecido por el santo Cáliz custodiado en el monasterio de San Juan de la Peña. A partir de este momento, la integración del Temple en una dinastía regia determinará su enfrentamiento con el rey de Francia y la consolidación del proyecto del gran reino cristiano en Occidente con base en la península ibérica. Ese sería el gran secreto y el gran poder de la orden, por el que fue descabezada en Francia y por el que se mantuvo intacta en toda la península, incluyendo las coronas de Aragón y Castilla y el reino de Portugal.

Con el apoyo de la Orden del Temple, la corona de Aragón, que comenzaba a asentar su poder en el reino de Valencia, llegará a pugnar por la hegemonía en Europa frente a otras potencias como Francia o el Sacro Imperio Romano Germánico (Alemania).

El proyecto de esta orden fue forjándose poco a poco durante los siguientes años hasta que pudo dar un salto definitivo en la figura del rey Jaime I el Conquistador. Su naturaleza templaria se cultivó desde la cuna, al ser confiada su educación al maestre Guillem de Montrodón, en Huesca. El cruce de este monarca con la plaza de Peñíscola se produjo en 1233, año de su reconquista. Poco tiempo después, en 1238, se produce la conquista de Valencia y, con ella, de prácticamente toda su taifa. Se incorpora un territorio clave para entender la expansión de la corona de Aragón por el Mediterráneo, dotando de entidad diferenciada y específica al nuevo reino de Valencia.

De hecho, desde este instante, la Corona se lanzará a la conquista del antiguo Mare Nostrum con Pedro III, hijo de Jaume I, y sus hijos Alfonso III el Liberal y Jaime II, el Justo. Las escuadras, lideradas por el almirante Roger de Lauria, se convirtieron en la mayor potencia naval del sur de Europa frente a las aspiraciones del reino de Francia. Es en este momento cuando comienzan los roces entre ambos Estados, sobre todo en suelo italiano.

Medio siglo después de la reconquista de Peñíscola, en 1286, el nieto de Jaime I, Alfonso III el Liberal, hizo entrega de la plaza y del castillo a don Artal de Alagón. No obstante, el carácter hereditario del mandato de este noble no cuajará y, tan solo seis años después, la ciudad volverá a manos del rey, esta vez Jaime II. El nuevo monarca lo pondrá finalmente a disposición de la orden templaria en 1294. Los templarios supieron leer la capacidad estratégica del asentamiento y decidieron erigir el castillo sobre una antigua alcazaba árabe. Las obras de la fortaleza se prolongaron más de una década, entre 1294 y 1307. Estos trabajos, importantes para la expansión del Temple en el reino de Valencia, estuvieron supervisadas por el maestre de la orden en Aragón, Berenguer Cardona. A su vez, era el propio rey Jaime II quien monitorizaba al maestre en su expansión en Peñíscola.

La construcción del castillo templario de Peñíscola simboliza y coincide con el intento de Jaume II de desplegar en Europa todo su poder y hegemonía bajo el gran proyecto de cruzada que recibió el nombre de Rex Bellator. Este proponía la unificación de las cinco principales ordenes de caballería bajo el mandato de un solo rey, el *rex bellator*. Dicho plan, apoyado diplomáticamente por Arnau de Vilanova y Ramón Llull, suponía la entrega *de facto* de todo el poder militar a ese monarca con el argumento de recuperar Tierra Santa. Sin embargo, el rey de Francia, Felipe IV, no estaba dispuesto a entregar el poder y subyugarse a la corona de Aragón. Es el punto en el que la orden templaria entra en colisión directa con Francia. En un principio, consciente del poder que había atesorado el Temple, Felipe IV trató de ganarse el favor de la orden y lanzar un contraproyecto llamado Rex Pacis, con el que liderar Europa en torno a su figura, pero la orden templaria no le correspondió y se mantuvo fiel a la corona de Aragón. Las cartas se habían puesto sobre la mesa y el gran proyecto del Temple salía a la luz. Las hostilidades estaban sobre la mesa.

La primera gran medida del monarca francés fue atacar al gran pilar ideológico de la corona de Aragón: la Orden del Temple. Felipe IV utilizó a su favor al papado, al cual tenía controlado dado el origen francés del pontífice y su ascendiente cercano a la propia casa real. Así, el viernes 13 de octubre de 1307, el papa Clemente V dicta la orden contra los templarios, instigado por el despecho de Felipe al no ser apoyado para su proyecto por esta orden. Apenas dos años más tarde, consciente de que el proyecto Rex Bellator seguía en marcha, forzó el traslado de la Santa Sede a Aviñón, afianzando su posición de poder dentro de la Iglesia como medida estratégica frente a la corona de Aragón.

En la península, como ya hemos visto, el ataque al Temple no solo no fue secundado, sino que se establecieron todos los medios necesarios para que su poder siguiera intacto. Esta situación explica que la plaza de Peñíscola pasara a manos de la Orden de Montesa en 1319, tras la disolución de la Orden del Temple.

La fortaleza se convertía, pues, en un puntal de la propia Corona contra la política beligerante de Francia. Las aspiraciones de la monarquía aragonesa por convertirse en la potencia hegemónica en Europa quedaban inalteradas. El legado templario se transmitió a dos órdenes para controlar el proceso en toda la península. Por un lado, como es sabido, a la Orden de Montesa, de nueva creación, cuyo ámbito de actuación se circunscribía a la propia Corona; y por otro lado, a la Orden de San Juan del Hospital, que basaba su territorio en Castilla y que se articuló a través de la figura de su gran maestre, Juan Fernández de Heredia.

Merece la pena resaltar la estrategia que siguieron desde entonces los herederos del Temple, centrando uno de sus objetivos en el control del papado como senda para neutralizar el poder francés. Fernández de Heredia ascendió jerárquicamente dentro de la administración eclesiástica, sobre todo en torno a Aviñón, hasta hacerse valedor del aragonés Pedro Martínez de Luna, nuestro Papa Luna, en su carrera. Fueron años en los que Pedro, siempre cercano a Gregorio XI, se formó en distintas ramas, desde el derecho hasta las artes de la guerra, y en los que mantuvo una gran actividad negociadora, bien como legado papal, bien como representante de esa administración eclesiástica.

El desenlace de los hechos posteriores, como hemos relatado anteriormente, condujo a la rebelión francesa y al Cisma de Occidente.

Algunos datos posteriores ayudarán a entender la continuidad del proyecto templario a pesar de las circunstancias cismáticas y de su complicada solución. En 1394 es nombrado papa Pedro Martínez de Luna y tan solo cinco años después, en 1399, el rey aragonés Martín I el Humano solicita el santo Cáliz custodiado en San Juan de la Peña (Huesca) e inicia una campaña de apoyo y legitimación hacia el Papa Luna, en sus aspiraciones dentro del Cisma. La dinastía aragonesa había puesto en marcha la última fase de su proyecto con el objetivo puesto en el control del papado. Es el momento en el que aparecen los hermanos Ferrer, san Vicente y Bonifacio, que actuarán a favor del Benedicto XIII. La reorganización de la Corona y su implicación con el papado de Peñíscola encumbrarán también al nuevo apellido que, al final, será el encargado de alcanzar la meta propuesta: los Borja. En torno a la plaza fortificada y sede papal se estructurarán una serie de ciudades que conformarán el entramado de apoyo y defensa territorial del pontificado y de las aspiraciones de control de la Corona. El castillo-alcázar de Segorbe (sede catedralicia y sede de Cortes en 1401) y la cartuja de Vall de Crist de Altura, cercanos a Peñíscola, se convertirán en centros clave en este proceso. Junto con ellos, en segundo término y enmarcadas también en la estrategia de control desempeñada desde Peñíscola, a modo de territorios papales, tendrán una significación especial las poblaciones de San Mateo, donde finalmente se producirá la renuncia del sucesor de Benedicto a la tiara papal, y Morella, donde se reunirán el mismo san Vicente Ferrer y el propio Papa Luna.

Además de este entramado de cercanía, hay que recordar que la familia Luna también había colocado peones dentro de la jerarquía eclesiástica en la corona de Castilla, apoyados y reforzados en la labor llevada a cabo por Juan Fernández Heredia.

Detengámonos un instante en este personaje. Sus apariciones en la biografía de don Pedro de Luna están siendo constantes. Sin embargo, ha trascendido a la historia con un papel en exceso secundario. Aunque no lo desarrollemos en profundidad en este apartado, conviene poner de relieve algunos datos que ayudarán también a entender decisiones importantísimas del Papa Luna.

Fernandez Heredia tomará al joven Pedro Martínez de Luna bajo su protección en los años en que se formó en Montpellier. Ahí se fraguará una amistad que ya no cesará nunca. Siendo don Pedro ya cardenal, en enero de 1377, en la entrada del pontífice Gregorio XI en Roma, aparecía Juan Fernández Heredia portando el estandarte papal. Si le seguimos la pista, lo veíamos en septiembre del mismo año siendo nombrado gran maestre de la Orden de San Juan del Hospital en Roma. Recordemos que esta orden era la heredera principal del Temple. Dos años más tarde, en 1379 sería elevado a la máxima autoridad como gran maestre de la orden.

La conjunción con don Pedro de Luna lo llevaría hasta el inicio de su papado, cuando debió hacer frente a las deudas contraídas por Aviñón, que lastraban el mandato de su amigo. Como vemos, mucho más que una simple amistad.

Esbocemos un dato más del que deberán acordarse en otro de los capítulos del libro. En 1396 fallecía Juan Fernández de Heredia. Por voluntad propia, sus restos fueron trasladados y enterrados en un sepulcro personal en Caspe. Quédense con esta población, que, por supuesto, era una encomienda de la Orden de San Juan.

Retomemos ahora el hilo anterior. La estrategia aragonesa avanzaba pese a las trabas francesas, de forma que Alfonso V situó su campo de operaciones militares en Nápoles, territorio vinculado a la monarquía gala, que sería campo de batalla y cuyo trono acabó también en manos del Magnánimo. De esta manera, se estrechaba el cerco sobre Roma por el lado territorial mientras se mantenía la presión por el espiritual con el Cisma de Benedicto.

Peñíscola se convertía en sede pontificia en 1411. A este hecho, sobre el que ya hemos detallado sus circunstancias, hay que añadir un movimiento que sería trascendental no solo para la corona de Aragón y su proyecto de Rex Bellator, sino también para la península ibérica. En 1410, un año antes, se producía la muerte del rey Martín I el Humano. Se abría con ello el debate de la sucesión monárquica. La constitución de Peñíscola como sede pontificia le permitió inmiscuirse y supervisar el proceso de elección del nuevo monarca, que se concretó en el Compromiso de Caspe. Nos volvemos a encontrar con esta población. Recuerden que pertenecía a los hospitalarios (los antiguos templarios) y que en ella estaba enterrado el amigo y gran maestre Fernández de Heredia. ¿Van atando cabos?

El mencionado proyecto de Rex Bellator, impulsado por Ramon Llull y Arnau de Vilanova, se recoge en diferentes obras del primero, sobre todo en el *Liber fine* (1305). Es, pues, Llull un actor principal en la legitimación teórica de la dinastía de Aragón como principal reino de Occidente frente a Francia. Pues bien, el mallorquín mantuvo una reunión trascendental en Chipre con Jaques de Molay, gran maestre del Temple. Llull envía el *Liber fine* al papa Clemente V, mediatizado por la caída de la isla de Arwad años antes, en 1302. El propósito principal era que el papa apoyara una gran operación de rescate del submariscal templario Dalmau de Rocabertí y, de paso, recuperar Tierra Santa. De nuevo el Temple cruzándose en el camino de la dinastía aragonesa y, a la postre, del propio Pedro Martínez de Luna.

Volvamos ya sobre Peñíscola. La fortaleza de Benedicto XIII acaparó así el centro de movimientos políticos de diversa índole, no solo por temas internacionales, sino también por los internos. El golpe definitivo se produjo al dar su apoyo a la entronización de la nueva dinastía Trastámara, respaldando la elección de Fernando I de Antequera en 1412. El ascenso del nuevo linaje en la corona de Aragón suponía, de hecho, un paso muy importante en la consecución del gran reino cristiano de Occidente por el que habían luchado el Temple y los reyes de Aragón. La dinastía Trastámara también gobernaba Castilla en esos momentos, con lo que, además de ganar un aliado definitivo en sus aspiraciones contra Francia y el Sacro Imperio, podía vislumbrarse a medio plazo la unificación de ambas coronas.

Benedicto XIII identificaba así sus objetivos religiosos con los políticos, uniendo su destino al de la nueva dinastía. Quizás uno de los elementos que no tuvieron en consideración ninguno de los enemigos y amigos del papa Luna fue su longevidad. Valga como ejemplo el hecho ya introducido de que, de todos los papas que intervinieron en el Cisma de Occidente, fue el único que vio morir uno tras otro a sus oponentes. Esta misma característica vital fue la que no contemplaron sus aliados políticos, que tenían una estrategia diferente para alcanzar los mismos fines. Estos creyeron que era mejor terminar con la beligerancia religiosa y optar por la conquista del papado a través de la diplomacia. Por ello, el nuevo monarca, con el apoyo de san Vicente, amigo y sostén del papa Luna, terminaron perfilando una política de alianzas con el Sacro Imperio en el Concilio de Constanza, en 1414-1415.

Abandonaron, como decíamos, la actitud beligerante y aceptaron al nuevo papa Martín V propuesto por el Sacro Imperio. Ello no supuso retirar el apoyo a Benedicto, a quien siguieron protegiendo y usando como moneda de cambio en la diplomacia con Francia, el Sacro Imperio o Roma; pero apostaron por llegar hasta el corazón de la Santa Sede a través la jerarquía interna de la Iglesia. Comenzaba a emerger la figura de Alfonso de Borja, el primero de los dos miembros de esta familia que alcanzarían la púrpura.

Alfonso V el Magnánimo, que sucedió a Fernando de Antequera, siguió la misma política de su padre a partir de 1416. El rey trató de negociar, por medio de la figura de Alfonso de Borja (futuro Calixto III), con el Papa Luna para que renunciase a su pontificado. Pero Benedicto XIII no claudicó. El odio creciente del papa Martín V, que se postulaba como único pontífice de la cristiandad y protagonista del final del Cisma, se encontraba con la negativa permanente de su contrincante, Benedicto XIII. El odio alcanzó tal extremo que, en efecto, intentó asesinarlo en varias ocasiones como solo los italianos saben hacer: con veneno. La más conocida de ellas, y la que estuvo a punto de alcanzar su meta, se produjo en 1418. La intervención de Jerónimo de Santa Fe y su famosa tisana puso un final feliz al envenenamiento.

El castillo de Peñíscola volvería a acaparar las miradas internacionales cuando, pocos años más tarde, Pedro Martínez de Luna falleciera, en 1423, bajo el reinado de Alfonso el Magnánimo y María de Castilla.

La dinámica eclesiástica para la elección y el nombramiento de papa no se detuvo. Se convocó un nuevo cónclave, dirigido por la mano derecha de Benedicto XIII, Jean Carrier, en el que se decidió nombrar como sucesor a Gil Sánchez Muñoz bajo el nombre de Clemente VIII. Este, finalmente, en la negociación con Alfonso de Borja, depone el papado de Aviñón y reconoce al de Roma. Alfonso V entrega el santo Cáliz a la catedral de Valencia en 1437. La política laica sustituirá a la religiosa a partir de entonces para lograr los objetivos del Rex Bellator. La gran expansión de la corona de Aragón, a través y con base en el reino de Valencia, sentará las bases y posibilitará en 1455-1458 el papado de Calixto III. Se lograba así la primera de las metas.

Años más tarde, la unión de la dinastía Trastámara con los Reyes Católicos y, con ella, la creación de un gran reino cristiano en Occidente denominado España culminaban el proyecto del Temple.

El Papa Luna y Peñíscola se convirtieron para la historia en engranaje fundamental dentro del gran proceso de transfiguración que sufrió Europa en la Edad Media y que la definirían hasta prácticamente el siglo xx.

LA HERENCIA TEMPLARIA: ENTERRAMIENTOS DE MONTESA EN PEÑÍSCOLA

La vinculación del Papa Luna con los templarios se ha mostrado hasta ahora evidente. Pero, si el Temple se prolongó en el tiempo en la corona de Aragón a través de la Orden de Montesa, es de suponer que esta última desempeñaría una función primordial en el papado benedictino. Y así parece ser, no solo por la documentación que ha llegado hasta nosotros, sino también por los últimos hallazgos descubiertos en la propia Peñíscola.

Del suelo de la basílica, donde se celebraron los cónclaves de Benedicto XIII, se han desenterrado dos fosas con restos humanos cuyo origen arroja una curiosa conclusión. La cercanía de los estudios realizados sobre este descubrimiento ha impedido llevar a cabo una interpretación académica dentro del ámbito de la investigación histórica, pero se pueden extrapolar algunas conclusiones interesantes.

En la primera de las fosas, debemos tener en cuenta la disposición de los huesos y los utensilios que los acompañan. Los técnicos que intervinieron en los trabajos creen que el enterramiento pudo ser saqueado y parcialmente destruido para realizar uno posterior. En la segunda también aparecieron restos óseos. De nuevo, los trabajos técnicos apreciaron que pudo ser vaciada con posterioridad. En cada una de ellas había enterrado un individuo, aunque no se conservan los esqueletos completos, sino únicamente restos sueltos.[35]

---

35   La noticia puede leerse en el *El Mundo*. https://elmundo.es/comunidad-valenciana/castellon/2019/03/05/5c7e698221efa0595b8b4604.html.

Los enterramientos se encontraron en la capilla, en un espacio normalmente destinado a altas capas sociales, frente al altar. Este hecho hace pensar que las personas que recibieron sepultura tendrían cierto rango o importancia en la sociedad de la época. Peñíscola había sido sede papal y fue una ciudad importante para el reino de Valencia y para la corona de Aragón; en ambos contextos, los herederos de los templarios seguían teniendo un peso específico muy importante en todos los niveles. Según los primeros estudios antropológicos realizados, podría tratarse de dos altos responsables de la Orden de Montesa. Dado el lugar de enterramiento, la basílica de la sede papal de Peñíscola, es muy probable que sean dos maestres.

Notable descubrimiento que nos obliga pensar en la continuidad de los ideales templarios a través de la Orden de Montesa, con un apoyo explícito a Benedicto XIII.

Se hace, pues, necesario trazar un esbozo de Montesa antes de interpretar estos hechos. Quizás de esta forma podamos entender mejor el peso de los herederos del Temple en el pontificado del Papa Luna.

Como ya hemos visto, en 1312, un concilio puso término a la Orden del Temple. Sin embargo, una vez anulada de forma legal, el gran problema fuera de Francia era la reasignación de los bienes que los templarios tenían en propiedad, es decir, cómo se iban a repartir los bienes y las propiedades de suerte que fuesen a parar a manos de potenciales aliados de la monarquía. En este proceso, la corona de Aragón tenía un territorio especialmente complicado como era el reino de Valencia, donde el Temple se había hecho fuerte, sobre todo en la zona norte, con posesiones y rentas cuantiosas.

Pero, a pesar del poder del Temple en la Corona, «no fue la Orden de Montesa un elemento que interviniese en dicho proceso contra el Temple, sino [que], al contrario, fue el proceso contra esta el que dio paso a la creación Montesiana».[36]

---

36   Guinot Rodríguez, E. (2005). La Orden de Montesa en época medieval. *Revista de las Órdenes Militares* (3), p. 3.

Por tanto, podemos considerar que su puesta en marcha estuvo tutorizada por la propia monarquía.

Para no perder el control de las órdenes y mantener la fuerza económica sometida a la Corona, en este territorio se trató de vincular las propiedades y bienes templarios a la Orden del Hospital. Las suspicacias sobre los hospitalarios y el poder que podían llegar a atesorar hicieron replantear el procedimiento. Jaime II, temiendo un enriquecimiento peligroso de estos, celebró una serie de embajadas ante el papa, con el fin de conseguir la creación de una nueva orden militar con los bienes que templarios y hospitalarios tenían en este reino. Para hacer realidad la nueva orden y dotarla de una sede orgánica, se decidió a aportar la villa de Montesa, donde tendría que radicar el convento del instituto.

Montesa era un núcleo fronterizo, en la zona sur del reino, con numerosa población musulmana (lo que le confería el aurea de cruzada), y se establecía como vía de acceso natural a Castilla, dotándola de una visión geopolítica y estratégica de primer nivel.

La nueva orden, heredera directa del Temple, nacía oficialmente el 10 de junio de 1317, con la promulgación de la bula de fundación de la Orden de Santa María de Montesa por parte del papa Juan XXII. No obstante, no se instituyó oficialmente hasta el 22 de julio de 1319. La ceremonia de creación de Montesa estuvo presidida por el rey, lo que daba muestra de la relevancia que tenía para la institución monárquica.

La base territorial de la orden quedaba circunscrita a la corona de Aragón, en mayor medida al reino de Valencia, con un peso muy importante en la actual provincia de Castellón, sobre todo al norte. Heredaba poblaciones del Hospital como San Mateo, Traiguera, Onda, Villafamés, Sueca o Silla. Del Temple heredaba poblaciones como Peñíscola, Benicarló, Vinaroz o Alcalá de Xivert y bienes dispersos en otras como Lliria o Denia.[37]

---

37   *Ibid.*, p. 11.

En conjunto, el espacio geográfico por el que se desplegó lo componían propiedades de sesenta y ocho villas, lugares o aldeas. Si contabilizamos la población aproximada que ello suponía en 1320, unas 28 000 personas, podremos entender la significación y el peso de la orden en el conjunto del reino de Valencia. La evolución posterior de cada una de estas propiedades fue diversa y estuvo más en función del desarrollo como núcleos de población independientes que de su pertenencia a Montesa. Como era lógico, la mayoría acabaron convirtiéndose en municipios. Otras, por la propia inercia de su situación geográfica, más hacia el interior, se despoblaron. Y, por último, una minoría desapareció. Ello no quita para que, como conjunto, se mantuviera su «montesianismo» hasta la llegada del proceso de las desamortizaciones del siglo XIX, sobre todo la que se puso en marcha en 1835. En todo este montón de propiedades más o menos unidas y homogéneas, Peñíscola fue, de nuevo, la nota discordante al desvincularse definitivamente en 1488.

En cuanto al funcionamiento interno, Montesa nacía y se organizaba con las mismas características que las órdenes más longevas. Bien es cierto que las circunstancias que habían alumbrado al Templo o al Hospital —la lucha contra el infiel— habían cambiado, pero el objetivo monárquico hacía necesaria su constitución. «Es de referencia común el destacar el sometimiento de los frailes de Montesa a los tres conocidos votos de pobreza, obediencia y castidad».[38] Como en cualquier orden de caballería, la guerra y la religión dividían a los miembros que la integraban. Se podrían agrupar en dos tipos: «Por una parte los dedicados a la guerra, como cruzados o caballeros, que seguían las reglas de caballería de 1393; por otra, los religiosos, dedicados a la liturgia en el convento de Montesa o al servicio de las parroquias donde la Orden tenía el derecho de nombrar al párroco».[39]

El primer gran maestre de Montesa, Guillem d'Erill, moriría en 1319 en Peñíscola. Le sucedería Arnau Soler. Peñíscola estaría bajo gobierno de Montesa hasta 1409,

---

38   *Ibid.*, p. 17.
39   *La orden de Montesa* (s.f.). Museu Montesa - Museu Parroquial de Montesa. http://museumontesa.com/la-orden-de-montesa/.

momento en el cual Benedicto XIII se reservó para sí y para la Iglesia romana el castillo y la villa, dejando claro en la bula: «aunque pertenecientes a Montesa, el papa lo[s] retiene en sus manos».[40] Hasta ese momento, un comendador mayor, como los que posiblemente fueran enterrados en la basílica, habían dirigido las riendas del castillo.

Aunque la orden quedó desplazada en el gobierno de la fortaleza, su presencia siguió tal cual, convertida en apoyo permanente del Papa Luna. A su sometimiento eclesiástico se unía también la relación ideológica y el tradicional apoyo del Temple a la corona de Aragón. Poblaciones cercanas como San Mateo, Alcalá o Morella continuaban bajo su jurisdicción y, por tanto, fortaleciendo la red geográfica de apoyo a Benedicto XIII.

La Orden de Montesa se afianzó como uno de los principales pilares de la estructura eclesiástica, económica y militar que sostenía al Papa Luna. Sus caballeros y maestres seguirían trabajando las consignas heredadas del Temple y, por tanto, la constitución de un gran reino en Occidente para hacer frente a los musulmanes. El hecho de que hayan aparecido dos enterramientos de la alta jerarquía de esta orden en la basílica del castillo de Peñíscola no hace sino reforzar esta idea y restablecer el peso específico que tuvo en la corona de Aragón hasta la unión con Castilla.

El último gran maestre de la Orden fue Pedro Luis Galcerán de Borja, marqués de Navarrés, hijo del duque de Gandía y hermano de san Francisco de Borja. Resulta curioso y se diría que nada casual el hecho de que la dirección de la Orden de Montesa cayera en manos de la familia Borja. Estos se convirtieron en los herederos del ideario defendido por Benedicto XIII y llegaron a sustituir a la familia Luna como una de las principales sagas de poder en la corona de Aragón y en Castilla. Eso daría para un estudio centrado en esta familia que dio dos papados a Roma. Pero es otra historia.

---

40   Simó Castillo, J. B. (agosto de 1982.). El maestrazgo histórico. *Centro de Estudios del Maestrazgo* (1), p. 34.

Montesa sería la última de las órdenes militares independientes en la historia de España y también la última en incorporarse a la Corona — o ser absorbida por ella—, con Felipe II ya al mando. Ambas circunstancias ponen de manifiesto el poder que ostentó la orden más allá de la corona de Aragón y el incesante afán del creciente poder real por anular su independencia situándola bajo el control de la monarquía. El hecho de que aquello se produjera durante el reinado de Felipe II tampoco es circunstancial si tenemos en cuenta que esta época fue el momento de máximo esplendor del dominio español sobre Occidente y de centralización del poder en manos de la realeza.

La desaparición de la orden vino a coincidir con el apogeo del Imperio español, tanto en Europa como en el resto del mundo. Se había logrado consolidar, por fin, el sueño templario. El bisnieto de Isabel la Católica había contenido al Oriente musulmán con la batalla de Lepanto y se había alzado como máximo baluarte del cristianismo en Occidente. Los objetivos del Temple eran ya una realidad. La existencia de su heredera, la Orden de Montesa, parecía también llamada a pasar a mejor vida. Pero, eso sí, esta vez de forma pacífica. En 1583, Galcerán de Borja, tras unas disputas internas por la sucesión del gran maestre, se congració con el rey y aceptó la incorporación a la corona de la Orden de Montesa, verificada el 8 de diciembre de 1587 gracias a una bula del papa Sixto V expedida en Roma.

III. EL PAPA ESTRATEGA

La intensa actividad desplegada por Benedicto XIII a lo largo de toda su vida lo dotó de una capacidad intelectual muy por encima de la de sus homónimos durante el Cisma. Mientras la mayor parte de los pontífices que ocupaban el cargo lo hacían de manera testimonial, Pedro Martínez de Luna se hacía presente en el arte, en el derecho eclesiástico, en la Administración, en la actividad diplomática, en las relaciones políticas y hasta en la estrategia militar.

Su mandato fue creado y estructurado como un auténtico Gobierno, estableciendo legados, audiencias e incluso un ejército papal. De este se encargó su sobrino, Rodrigo de Luna, quien fue capaz de organizar un contingente de soldados que defendían el castillo ante las amenazas externas e intentaban poner orden a nivel interno. Pero la gran fuerza militar del Papa Luna no fueron las huestes movilizadas por Rodrigo, cuyo interesante perfil analizaremos más adelante, sino su flota de navíos, concebida para la defensa de Peñíscola pero cuya importancia trascendió esta población para convertirse en un ejército temido, respetado y, a veces, alquilado como fuerza de combate mercenaria.

Hasta qué punto fue relevante o no para Benedicto XIII la estrategia militar lo podemos descubrir en su propia formación de juventud. Pedro no fue el primogénito de la familia, por lo que su proyecto vital debía estar unido, bien a la carrera militar, bien a la eclesiástica. Antes de dar el paso para formarse intelectualmente dentro del ámbito religioso, el futuro papa ingresó en el Ejército. Eran años de juventud, donde fue instruido en las artes de la guerra y en el uso de la espada y las distintas armas que componían el arsenal del momento. De esos primeros años heredaría la austeridad y la capacidad organizativa que pondría de relieve años más tarde.

Abramos, siquiera por un momento, una pequeña ventana al universo guerrero en este final de la Baja Edad Media. Una reflexión que nos ayudará también a entender el sentido bélico de Benedicto XIII y, en general, de la Iglesia durante estos convulsos años previos al Renacimiento.

«En la Baja Edad Media, la caballería ocupó con plena madurez el papel político-militar al que había ido accediendo como máximo estamento civil. La imagen lúdica de la institución se incorporó a su repertorio iconográfico representativo (...). La fuerte cultura bélica germana, de naturaleza mercantil, convirtió la guerra en el modo de vida que marcó la existencia humana...»[41]. Además, el enfrentamiento permanente, a modo de cruzada, que se vivía en la península ibérica con la Reconquista verbalizó habitualmente el ejercicio del enfrentamiento bélico hasta convertirlo en solución de innumerables conflictos.

Hay que reconocer que la guerra medieval no era propiedad exclusiva de la caballería. La infantería, que se distribuía en diversas posiciones y usos de armas, seguía siendo el elemento base del Ejército, como lo había sido en las legiones romanas. Esta era concebida como la fuerza de choque principal. La diferencia con respecto a otras épocas fue la falta de movimiento de los ejércitos: eran masas estáticas cuya fuerza se reservaba para el choque frontal. Esto obligó a que la guerra se convirtiera en un enfrentamiento más posicional que de movimientos, y dejó al descubierto la falta de tácticas de despliegue. El choque era explosivo,

---

41   Vallejo Naranjo, C. (2018). Arte, guerra y fiesta en la Baja Edad Media: aproximación a la relación entre la poliorcética y el fasto caballeresco. *Laboratorio de Arte* (30), pp. 1-2.

lo que obligaba a que, en el desenlace de la batalla, se apostase todo al cuerpo a cuerpo. Un combate intenso y, en ocasiones, demasiado largo.

Cuando avanzamos en el tiempo, sobre todo a partir de finales del siglo xv, el uso de la artillería permitió mayor movilidad y despliegue en el campo de batalla. Esta es la razón por la que la mayoría de los enfrentamientos bélicos medievales terminaban en asedios y desgaste del enemigo. Era la estrategia dominante. Pero las disputas entre ejércitos en campo abierto no eran habituales.

La parte más crucial de las guerras medievales radicaba en la toma y el control de los castillos, ya que en estos recaía la defensa de las tierras y, por tanto, aquello suponía el control de la población de los alrededores. Cuando el final de la Edad Media aparecía ya en el horizonte, el progresivo crecimiento urbano llevó aparejada la fortificación de las ciudades como medida defensiva mucho más trascendental que el control aislado de los castillos.

A este panorama de transición se enfrenta el Cisma en su momento álgido. Francia seguía trabajando la estrategia militar del medievo, con asedios a castillos y ciudades, mientras Aragón comenzó a desplazar el peso de su iniciativa bélica hacia las batallas navales.

La guerra, eminentemente terrestre en el caso de la Reconquista, se trasladó poco a poco al mar conforme se iban logrando los objetivos de expansión de los reinos peninsulares. La corona de Aragón, una vez limitada su expansión por el sur, entendió que su crecimiento natural era hacia Oriente, con la conquista de puntos clave del Mediterráneo. Esta nueva fase estratégica devolvió al primer plano las flotas navales y las luchas marítimas, que habían quedado relegadas durante la Alta Edad Media. A finales del siglo xiv y principios del siglo xv, las armadas volvían a jugar un papel fundamental en el desenlace de los conflictos terrestres, además de trasladar las operaciones hasta Italia. El dominio del mar estaba en manos de los cristianos y, aquí, la corona de Aragón tenía mucho que decir, sobre todo cuando, a partir del primer tercio del siglo XV, empieza a lanzar expediciones desde Valencia.

Este tránsito entre ambos mundos, el terrestre y el naval, es el que vivió Benedicto. Visto en perspectiva, podría decirse que el Papa Luna supo leer la evolución del arte de la guerra al apostar el grueso de su defensa militar en la flota armada, sin olvidar los contingentes terrestres. Al igual que su reino de origen, el aragonés usó la estrategia terrestre o la naval según venían los acontecimientos. Muy pendiente de todo cuanto sucedía a su alrededor, supo combinar magistralmente una táctica defensiva con una flota naval preparada tanto para la retirada como para el ataque.

Un ejemplo de esta nueva forma de entender la guerra lo constituyó la huida de Benedicto XIII del palacio de Aviñón, en la que combinó la estrategia defensiva con la asistencia de una flota que le permitió escabullirse de Francia. Durante ese tiempo, el papa exhibió dotes militares y capacidad de mando en la resistencia numantina del palacio-fortaleza de Aviñón, cuando era asediado por las tropas del rey de Francia. Sufrió este ataque desde 1398 hasta 1403, año en el que logró huir de la ciudad y enlazar con los hombres que había enviado en su ayuda el rey Martín I el Humano.

A ese punto de agresión directa se había llegado desde el instante en el que Francia decidió retirar el apoyo a Benedicto XIII. Al igual que hiciera con la Orden del Temple unos decenios antes, el monarca galo estaba resuelto a unificar su territorio bajo el mando de la monarquía y a ejercer el poder de modo global sin que hubiera alternativa de gobierno. Por esta razón, tras el fin de los templarios, el rey francés se había centrado en el control de la Iglesia. También en el sometimiento a los señores del sur, convertidos en alternativa permanente a la Corona y apoyados en movimientos religiosos como palanca frente al rey. Para acabar con un papa no favorable a sus intereses políticos, decidió pasar a la acción y que sus tropas pusieran rumbo a Aviñón con el propósito de derribar a Benedicto XIII.

Antes de que su ejército asediara Aviñón, retiró su obediencia al papa y le declaró la guerra el 1 de septiembre de 1398. Previamente, ese mismo año, le había retirado los fondos para el mantenimiento de la sede papal de Aviñón, en un intento de ahogarlo económicamente.

La respuesta de Benedicto no se hizo esperar. Lejos de entrar en pánico y entregar el papado (como sí hicieron otros pontífices durante el Cisma), puso en marcha esta severa resistencia. Durante las semanas previas al asedio, estableció obras para fortalecer la defensa y hacer el bastión de Aviñón inexpugnable, previendo un eventual ataque. Además, hizo movimientos de acercamiento y firmó en secreto alianzas con el duque de Orleans, lo que le representaba un punto de alivio frente a la presión de Felipe IV.

Sin apenas medios para contener los ataques del rey, sitiado y con la disminución constante de víveres, afrontó la defensa de la mano de su sobrino, Rodrigo, que supo responder el envite con organización y liderazgo suficientes para mantener el ánimo de quienes los acompañaban. Las condiciones de subsistencia llegaron al punto de alimentarse, el propio papa, de ratas y raíces, como atestiguan los cronistas de la época.

Cuando la situación se hizo insostenible, Jean Carrier, Rodrigo y el propio papa planificaron la marcha de la fortaleza. Utilizaron la oscuridad de la noche, abrieron un hueco en los muros del palacio (en la vertiente más cercana al río), se disfrazaron de monjes y, apenas con lo puesto, cruzaron las líneas enemigas y trazaron destino hacia la corona de Aragón, donde estarían a salvo. La salida de Francia se produjo a través del puerto de Marsella el 11 de mayo de 1403.

Meses antes, el pontífice había puesto a salvo algunos de sus tesoros, que no eran necesariamente económicos e incluían, por ejemplo, la tiara de San Silvestre, el códice imperial o el *Liber censuum*. Todo ello legitimaba su defensa del papado frente a Francia y Roma.

La especial configuración geográfica de Aviñón permite establecer mejor una estrategia de defensa que de ataque. Este hecho supondría un aprendizaje para su posterior asentamiento en Peñíscola, plaza con una configuración paralela a la francesa. El palacio-fortaleza se alza en ambos casos como referente de la ciudad. Y también el agua forma parte de ese paralelismo, al permitir —bien el mar Mediterráneo, bien el río Ródano— una vía de escape ante asedios o embestidas militares por tierra. Esta circunstancia determinaría que, para apuntalar el sistema defensivo de la sede papal peñiscolana, Benedicto ordenase la organización de una flota militar que protegiera el frente marítimo y evitara un cercamiento simultáneo por tierra y mar. Contó también con el apoyo de los reyes aragoneses, que dotaron de armas e incluso de hombres al pontífice.

El sistema defensivo naval contó con numerosos navíos, y el desarrollo de un cuerpo de soldados propio, coordinado por Rodrigo de Luna, debía disponerse de modo que pudiera cubrir las necesidades del castillo y las propias del papa en sus continuos desplazamientos por territorios cercanos. A las reuniones mantenidas en Morella, San Mateo, Segorbe o Altura siempre iba acompañado de una reducida guardia personal dirigida por Rodrigo, mientras que las tropas del castillo estaban coordinadas por el hermano de este, Álvaro de Luna.

Para sostener este entramado militar, el pontífice debía contar con una fuente de ingresos regular que permitiera pagar a los soldados e invertir en la construcción y el mantenimiento de los navíos y las armas. Las ayudas recibidas por los reyes eran insuficientes para sustentar este entramado, por lo que Benedicto consolidó toda una red de impuestos sobre explotaciones agrícolas cuya recaudación hacía independiente y fortalecía al papado frente a las embestidas de Roma y de sus aliados, Francia y el Sacro Imperio.

Esta circunstancia permite entender también la capacidad de Benedicto para mantenerse firme en sus reivindicaciones a lo largo de los años. Además, el armazón militar y económico no solo estuvo vigente durante la vida del pontífice; a su muerte, Rodrigo de Luna siguió explotando ambas dimensiones y convirtió la flota naval, como se ha sugerido, en un poder mercenario que, junto con las rentas agrícolas, le supuso considerables ingresos y le garantizó, como a su tío, cierta independencia política. Su tropa se unió en varias ocasiones a las campañas que llevaba a cabo el rey Alfonso el Magnánimo por el Mediterráneo, con la gran armada que reunió para atacar Yerba, en el norte de África, o las operaciones sobre Nápoles y el sur de Italia.

El poderío de la flota del Papa Luna vino a coincidir con la fortaleza de los navíos de Alfonso, que establecieron su base en el puerto de Valencia. Las campañas marítimas del rey eran tan conocidas como temidas por sus adversarios, con logros de distinta índole como la captura y el asalto de Marsella, de donde arrancó las cadenas del puerto y las trasladó a Valencia como trofeo. Unas cadenas que todavía pueden admirarse en la catedral de la capital del Turia.

El siguiente episodio militar que protagonizó el Papa Luna fue en 1408, cuando reunió un ejército para invadir Italia y tomar posesión de Roma.

El Papa Luna consideró ese año hacer uso del mismo recurso en una guerra que ya había vivido sirviendo a otros pontífices. Desde luego, un ejército que cayera sobre la Ciudad Eterna tumbaría al papado y lo convertiría a él en único soberano de la Iglesia. No obstante, el dinero truncó sus expectativas. Los soldados contratados por Benedicto solo llegaron a Génova debido al agotamiento de las provisiones y los recursos económicos. El fracaso en aquella tentativa bélica le hizo volver sus ojos sobre el aspecto diplomático y jurídico del Cisma, pero no olvidar la guerra como recurso.

Durante varios meses, Benedicto XIII estuvo preparando un grupo importante de efectivos que fuera capaz de tomar Roma y acabar definitivamente con la división de la Iglesia, dejándolo a él como único papa. Esta expedición tuvo el amparo inicial de la corona de Aragón. Sin embargo, la actividad diplomática en Italia convirtió la alianza inicial en tibieza, lo que frustró la consecución de la financiación suficiente para que las tropas llegasen a su destino.

Fue este, quizás, uno de los mayores fracasos en la estrategia del Papa Luna, pero este, lejos de venirse abajo cuando se disolvió el pequeño ejército en Génova, trató de rehacerse rápidamente convocando un concilio en Perpiñán.

La acción militar del pontífice quizás fuera algo precipitada. En su memoria tenía presente el intento, que acabó en derrota, del papa Clemente VII de vencer a su oponente Urbano VI mediante las armas, en 1379. La empresa terminó en capitulación en la ciudad de Marino, tras lo cual Clemente hubo de refugiarse en Nápoles. Benedicto sacó sus propias conclusiones estratégicas del enfrentamiento, con lo que creía poder derrotar al papa romano. Aun así, no ató previamente algo que en la guerra es fundamental: la intendencia, que en esa época suponía también prever una dotación económica para atender a los mercenarios antes de que conquistasen y saqueasen una ciudad.

Como quiera que fuese, el episodio estableció las bases de la que posteriormente sería su política: unas fuentes de financiación bien definidas que permitieran el mantenimiento del contingente. Una lección tan bien aprendida que le permitió afianzar de manera permanente toda una flota de barcos.

Tras el intento fallido de invasión de Roma, Benedicto convocó el concilio para recuperar la iniciativa y reforzar su posición frente a Gregorio XII. El fin era el mismo que había impulsado la frustrada invasión de Roma: procurar llegar a un acuerdo que solventara la partición de la Iglesia. Perpiñán, ciudad francesa particularmente vinculada a la corona de Aragón, acogió el evento entre noviembre de 1408 y febrero de 1409. Este concilio, lejos de convertirse en algo intrascendente, recibió el apoyo entusiasta del rey Martín I el Humano, amigo íntimo, además, del pontífice. En consecuencia, las conclusiones vinieron a ratificar la legitimidad de Benedicto XIII y su lucha por erigirse en el único papa de la cristiandad.

Hagamos aquí un paréntesis y evitemos que los lectores tiendan a unir en un mismo concepto otras etapas bélicas de la Iglesia. La vertiente guerrera de la Baja Edad Media difirió notablemente de lo que siglos atrás fue bautizado como cruzadas. Nada tuvo que ver una causa con otra. En la guerra contra el islam, la Iglesia se tornaba en promotora del enfrentamiento, en tanto en cuanto sus protagonistas eran señores feudales que marchaban a Tierra Santa para liberarla del yugo musulmán. Los cruzados, más allá de sus intenciones terrenales o de gloria, se identificaron de pleno con la cristiandad hasta el punto de tomar votos religiosos de manera temporal, como si fueran monjes, a cambio de indulgencias por sus pecados. Al calor de estas cruzadas surgieron numerosas órdenes religiosas que más tarde influirían de forma reseñable en la propia Iglesia, como la del Temple, la del Hospital o, más tarde, Montesa.

Con todo, el papa nunca se distinguía como estratega principal del conflicto. No estaban en duda su supervivencia ni los objetivos geográficos dentro del cristianismo occidental. Benedicto se transformó en un pontífice político que vio en el ejército un arma importante para cumplir sus propios objetivos. A partir de él, y con anterioridad de Gregorio XII, se sucederían una serie de papas que no tendrían problema alguno en utilizar la guerra como medio para lograr sus fines. Fue el caso de Alejandro VI, que, a través de su hijo, César Borgia, trató de poner paz a todos los territorios papales de Italia. Y, sobre todo, el de Julio II, su sucesor, quien tuvo menos escrúpulos a la hora de someter los territorios circundantes. El gran enemigo de Alejandro VI fue más allá de todo aquello que criticó de su antecesor y, con un ejército tan poderoso o más como el de César, controlado hasta el último detalle, causó estragos en las ciudades circundantes con el propósito claro de recaudar más impuestos. No es de extrañar que sus enemigos, que los tuvo a raudales, lo apodaran «el Terrible».

BARCOS DE GUERRA

Como hemos comprobado, la estrategia militar en la Baja Edad Media comenzaba a transitar hacia un nuevo mundo, el Renacimiento, donde las innovaciones tecnológicas iban a determinar una nueva forma de hacer la guerra. En este proceso de cambio, la armada, los barcos y el mar iban a tener un peso definitivo en el nuevo giro geopolítico que acortaría las distancias y globalizaría los conflictos. Las flotas navales eran capaces de llevar la guerra hasta las puertas del enemigo, de acosarlos, de hostigarlos y de trasladar soldados de un modo que no se había visto desde el Imperio romano.

Este desarrollo estratégico sería avistado pronto por la corona de Aragón, que se lanzaría a la conquista de puntos estratégicos del Mediterráneo y se posicionaría por encima de Francia como potencia hegemónica. También por el papa aragonés, que había demostrado una destreza singular en los movimientos bélicos que habían tenido que ver con el papado. Benedicto entendió perfectamente que la estrategia marítima debía ser su principal arma de guerra.

A finales del siglo XIV y principios del XV, Europa estaba delimitada por dos escenarios marítimos fundamentales: el Mediterráneo, donde se seguían dilucidando la política y la economía del continente, y el Atlántico, con un peso en comparación limitado pero en aumento. El Mare Nostrum constituía, todavía, el cetro geoestratégico donde reyes y reinos se volcaban para controlar territorios y rutas.

No obstante, las diferencias entre la navegación atlántica y la mediterránea evidenciaban dos maneras distintas de concebir el mundo marítimo. La elección de uno u otro marco determinaba el tipo de embarcación, ya que debía adaptarse a las dispares condiciones del mar en cada uno. En función del bajel elegido, la estrategia de combate difería. Así, en el ámbito mediterráneo, que es el que nos ocupa, «la relativa tranquilidad de las aguas y la predictibilidad de las corrientes supusieron un mayor perfeccionamiento de los barcos propulsados principalmente a remo, de los que el más característico fue la galera»[42].

La galera va a ser la embarcación por antonomasia en las grandes gestas navales desde finales del siglo XIV hasta mediados del siglo XV. Y fue también la gran arma marítima del Papa Luna. Como el resto de los barcos desarrollados en el Mediterráneo, la galera recogía «la tradición constructiva romana, materializada en la *liburna*, que luego sería adoptada y mejorada por los bizantinos, dando lugar a la creación del *dromon*», y se traduciría en embarcaciones robustas de asalto: el barco de guerra de la Edad Media por antomasia.

Este tipo de barco era más alargado y estrecho de lo habitual. En dimensiones náuticas hablaríamos de «unos 30 o 40 metros de eslora y entre 4 y 6 metros de manga. Su bajo perfil y sus características hidrodinámicas se completaban con el uso de la potencia otorgada por los remos, para alcanzar así una gran velocidad y potencia de choque».

Es interesante la observación de Francisco Piña al tratar la capacidad de embestida de las galeras. Su presencia era utilizada muchas veces como elemento disuasorio. Sin embargo, en otras fue clave la potencia obtenida por la combinación de remo y velamen. Fue el caso de la toma de Marsella por parte de las embarcaciones del rey Alfonso el

---

42   Para la descripción de los barcos de guerra en este apartado se ha utilizado como fuente el trabajo de Piña Rodríguez, F. J. (2017). *La marina de guerra y su armamento en la Baja Edad Media: el caso de las coronas de Castilla y Aragón* [tesis de grado]. Universidad de Castilla-La Mancha, p. 5. Es un estudio pormenorizado del que resultan interesantes tanto la descripción exhaustiva de las embarcaciones como el relato de las capacidades de ambas coronas. Su investigación va mucho más allá del marco de nuestro ensayo, pero su capacidad didáctica nos parece destacable. Usaremos esta fuente cuando hablemos de la potencia naval medieval.

Magnánimo, que consiguieron romper la defensa de cadenas y rendir la ciudad.

Los remeros se repartían en bancos y cada uno se encargaba de un remo. En caso de necesidad, podían incorporarse otros tripulantes como auxiliares. Más allá de los remos, sobre todo desde la mitad del siglo XIV, empezó a complejizarse el velamen, mejorando la única vela latina o triangular. «El gobierno de la galera se llevaba a cabo mediante dos timones laterales, aunque durante el siglo XV fueron sustituidos por un único timón de codaste, que ya se encontraba extendido entre otro tipo de barcos».[43]

Piña Rodríguez expone también en su ensayo la vertiente más ofensiva de esta embarcación medieval. Asegura que los dos espolones de proa, como hemos indicado antes, tenían como función la embestida; es decir, arremetían directos contra las embarcaciones enemigas al objeto de romper el casco y producir su hundimiento. Hay que decir que no era el objetivo principal de las batallas navales. La total destrucción del enemigo es un concepto más contemporáneo, dado sobre todo a partir de la Revolución francesa, donde la guerra como totalidad cambia. Se pasó de enfrentamientos en campos de batalla al inicio de la destrucción civil, que luego se consolidará como arma en el siglo XX. Pero, en la Baja Edad Media, la captura de buques tras la lid permitía no solo debilitar al enemigo, sino también fortalecer tu propia armada con la incorporación de esos navíos al bando vencedor.

En otro sentido, las galeras también fueron naves de asalto básicas para los corsarios que operaban por todo el Mediterráneo. Es aquí donde aparece la flota del Papa Luna de nuevo, ya que, en ocasiones, solicitaron y contrataron el uso de sus embarcaciones. Precisamente, los navíos del pontífice se distinguían de la mayoría por contar con torres o castillos, lo que aumentaba su valor de combate. No eran un elemento habitual en todas las galeras y eso le permitió

---

43   *Ibid.*, pp. 5-6.

revalorizar su precio a la hora de prestarlas. ¿Qué aportaban estas torres?: visibilidad. La elevación les confería una mayor capacidad estratégica y ampliaba el campo de visión. Al enfrentarse al enemigo tenían, pues, una mayor disponibilidad para aumentar el arqueo y lanzar proyectiles.

«Naturalmente, el diseño de las galeras no se ceñía a un tipo único, sino que podía variar, especialmente en lo que a tamaño y a cantidad de remos se refiere. Así, en las ordenanzas aragonesas de 1354, se distinguen tres clases principales: la gruesa, la bastarda y la sutil».

El poder real de Benedicto XIII y su proyección sobre una fuerza militar capaz de defender sus territorios se pone de manifiesto en el hecho de que poseía, para sí, una galera, la Santa Ventura, que estaba encuadrada dentro de las denominadas *gruesas*. Este tipo de embarcación era la usada por los reyes, de ahí que se considerara «galera real». Tenía un elevado coste de construcción y, sobre todo, de mantenimiento, lo que hacía poco frecuente su uso. Este hecho da todavía mayor relevancia a la Santa Ventura y al esfuerzo bélico de Benedicto XIII. El papa se igualaba a los máximos representantes del poder terrenal, no ya en riqueza, sino en armamento y potencial bélico a su nombre.

Evidentemente, no era la galera el único tipo de barco usado en las armadas medievales. «La otra clase de navíos característicos de la Europa bajomedieval —sigue Piña Rodríguez— es la (...) de tipo redondo». Los más ligeros se destinaban a aguas más duras, por lo que se extendieron con rapidez por el Atlántico. Eran la nao y la coca, dos tipos de bajeles que harían carrera en las travesías de los siglos posteriores. Los buques, en un inicio con vocación comercial, «tenían una reducida relación entre manga y eslora y un gran calado, lo que les otorgaba un considerable volumen que se traducía en una mayor capacidad de carga».

La ausencia de este otro tipo de embarcaciones en la fuerza naval del Papa Luna demuestra su vocación ofensiva y su carácter eminentemente militar, además de la falta de vinculación con trabajos comerciales.

El particular contexto y la disposición geográfica de Peñíscola potenciaban sus posibilidades de expansión al teatro mediterráneo, pero, sobre todo, la predisponían con una gran capacidad defensiva terrestre y marítima. Una situación similar a la de la corona de Aragón, que a finales del siglo XIV ya iba camino de convertirse en una potencia naval de gran valor, hasta el punto de que podríamos definirla como un Estado en expansión por el Mediterráneo.

EL EJÉRCITO NAVAL DEL PAPA LUNA

Benedicto XIII, consciente de la necesidad de defender su posición frente a Roma a través del mar, estructuró una flota defensiva que, poco a poco, se convirtió en un cuerpo de élite ofensivo empleado no solo por los reyes de la corona de Aragón, sino también por órdenes religiosas y hasta por corsarios. La propia existencia de la armada y su carácter casi mercenario le permitieron al pontífice obtener ingresos a través de ella, algo que, como se ha dicho, se prolongó más allá de su muerte en la figura de su sobrino Rodrigo.

La experiencia de Benedicto en el asedio de Aviñón por las tropas del rey de Francia supuso un conocimiento determinante tanto para él como para el jefe de sus ejércitos, Rodrigo de Luna. De aquella situación sacaron varias inteligentes conclusiones, como la explotación del beneficio de tener cerca de sí un espacio marítimo por el que huir o defenderse. Si el Ródano seseaba en las inmediaciones del palacio-fortaleza de la ciudad francesa, el mar se iba a revelar pieza fundamental de su estrategia militar en Peñíscola.

No obstante, la roca peñiscolana no devino para Benedicto XIII un bastión defensivo y aislante. Su acción territorial directa se prolongaba por todo el interior de la actual provincia de Castellón, desde la cartuja de Val de Cristo hasta Morella. Ello posibilitó dar la vuelta al sentido militar de Peñíscola para transformarla en un puntal, en la proa de una imaginaria galera dispuesta para el ataque. Esta mentalidad se adelantaría a lo que años más tarde supuso la caída de Constantinopla, en 1453. La derrota «vino a demostrar una realidad inexorable: aunque sus muros resistieron bien los embates otomanos y la ciudad sucumbió gracias principalmente a la genial estratagema de Mehmed —trasladar toda una flota por tierra para atacar el flanco más vulnerable de la ciudad—, cuando el hombre se refugia en la coraza y en el muro, se instala a la defensiva, su agudeza se embota y desaparece el espíritu ofensivo. Las defensas pueden ganar batallas, pero solo se obtiene una victoria en las guerras con iniciativa, pues es en la movilidad y en la sorpresa donde estriba el arte militar, que impone el ingenio sobre la mera fuerza bruta».[44]

Tres décadas antes, Rodrigo ya había atisbado el error de encastillarse entre los muros de Peñíscola y dispuso una flota naval lo suficientemente amplia como para actuar de elemento disuasorio ante sus posibles enemigos. La lección de Aviñón, donde se salvaron gracias a las aguas del Ródano, se propagaría en toda su extensión a Peñíscola a través de las mansas corrientes del Mediterráneo.

La flota tenía por objeto no solo la defensa de Peñíscola como sede papal, sino incluso la de los territorios papales de que disponía, al igual que ocurría con Roma y las áreas circundantes, que debían alguna forma de vasallaje al pontífice. Hay que recordar, una vez más, el objetivo de un personaje histórico como César Borgia, que no era otro sino someter y controlar los territorios papales, como la Romaña, del que llegó a ser duque. Con la flota de galeras, Rodrigo y el Papa Luna cubrían la defensa marítima de sus dominios y disponían de una capacidad nada despreciable para lanzar la flota contra otros objetivos. Una armada cuyo sentido mismo redundaba en su propia salvaguardia.

Sin embargo, Peñíscola no tenía puerto para amarrar, proteger y defender a la flota naval acumulada por el pontífice. Es cierto que el banco de arena que unía tierra firme con el castillo admitía un estrecho fondeadero, pero la poca profundidad y la falta de protección hacían que solo fuera apto para embarcaciones pesqueras.

---

44   Calvo González-Regueral, F. (2021). *Homo bellicus*. Arzalia, p. 128.

La configuración geográfica de la costa peñiscolana no servía, tampoco, para resguardar a las embarcaciones en momentos en los que la climatología era adversa. Las características naturales al sur, con la sierra de Irta, imposibilitaban un puerto natural próximo, por lo que todas las miradas se tornaron hacia el norte. Algunos estudios apuntan a que las naves atracaban en la cercana población de Vinaroz, a unos veinte kilómetros al norte, con unas dotaciones geográficas más adecuadas y unas instalaciones portuarias enraizadas en la historia local.

Otro de los elementos que tener en cuenta en esta armada pontificia fue la financiación. La flota administrada por Benedicto XIII no era barata de mantener, por lo que hubo de recurrir a las ayudas de la propia corona de Aragón. Pero la asistencia financiera del monarca no resultaba gratuita. A cambio de su ayuda, las galeras al servicio del Papa Luna habrían de servir al rey una vez al año, pertrechadas y bien armadas, en virtud del acuerdo firmado entre la Corona y Benedicto XIII en 1414.[45] Eso sí, el pontífice se reservaba el derecho, puesto que las naves eran suyas, de reclamarlas en cualquier momento por un período de tres meses continuados para su servicio.

En función de la disposición financiera que otorgaba este compromiso, se pudo alcanzar la nada desdeñable cifra de seis embarcaciones, cuyo coste era repercutido en las arcas reales y en la Iglesia. Los ingresos para tal fin se derivaron a las ciudades y las villas reales, tal y como era costumbre en el gobierno de la Corona y como, más tarde, proyectará a máximo rendimiento Alfonso el Magnánimo, cuya flota dominó el Mediterráneo occidental durante la primera mitad del siglo xv.

Aparte de las seis galeras que el papa tenía a su servicio, Benedicto XIII, como comentábamos anteriormente, fue propietario de una, la Santa Ventura, documentada ya

---

45 Cf. Gómez Acebes, A. (2015). *Vinaròs y el mar. Relaciones comerciales, sociopolíticas y económicas entre los siglos xv y xvii.* Asociació Cultural Amics de Vinaròs, p. 31.

en 1409 y presente en las costas en 1411. Este navío sería la envidia durante décadas en los reinos mediterráneos. De hecho, se convertiría en la embarcación más demandada por el rey para sus campañas marítimas hacia África e Italia.

La dinámica de flota naval, dispuesta y preparada siempre para entrar en acción en lugar de estar más tiempo en puerto que surcando las aguas, conoció una alta actividad militar. «Entre 1413 y 1426, las campañas corsarias de su sobrino [de Benedicto XIII] Rodrigo de Luna consiguieron que llegasen a Peñíscola numerosos caballeros procedentes de Montesa y del Hospital, junto a [sic] mercaderes y marineros».[46] Precisamente, años más tarde, Alfonso requerirá la presencia de las naves de Rodrigo en la fallida empresa de ayuda a los caballeros hospitalarios contra el sultán egipcio entre diciembre de 1426 y febrero de 1427, ya fallecido Benedicto.

Las galeras de la flota papal formaron parte de la política militar del Papa Luna desde principios del siglo xv. Pero también, por el compromiso adquirido con la Corona, tomaron parte en las gestas navales del propio rey. Esta circunstancia no estuvo excesivamente presente hasta que Alfonso el Magnánimo se lanzó a las campañas mediterráneas. Al parecer, tuvieron también su protagonismo en la operación de castigo contra Marsella.

Los hechos ocurrieron en noviembre de 1423, posiblemente sin que el rey Alfonso tuviera conocimiento de la muerte del Papa Luna. El ataque a Marsella se producía como represalia por el apoyo de Felipe de Anjou a la reina de Nápoles, doña Juana, frente al monarca aragonés, que llegó incluso a provocar su arresto. Una vez reconquistada la ciudad napolitana por las tropas de Alfonso, este partió hacia Marsella en una operación de castigo contra el francés.

Las cadenas del puerto no solo simbolizaban la defensa de la ciudad, sino que impedían físicamente poder tomarla. Para ello, el monarca aragonés dispuso dieciocho galeras

---

46 *Ibid.*, p. 32.

y doce velas de carga. El resto de la armada, casi la misma cantidad de embarcaciones que se quedaban, había sido enviada de vuelta a la península. Es más que factible que entre las que preparaban el asalto a Marsella figurase alguna perteneciente a la flota del Papa Luna, puesto que el gran peso de la acometida se depositó en militares valencianos.

Las cadenas fueron rebasadas por la presión y dirección de las galeras comandadas por el valenciano Romeu de Corbera. Una vez concluido este hito, las tropas de Alfonso desembarcaron en la ciudad. No fue una conquista al uso, ya que, aunque la tomaron, se respetaron la vida de los marselleses y la integridad física de la ciudad. Después, con algunas reliquias recogidas en los templos marselleses y las famosas cadenas, partieron rumbo a Valencia, donde el rey había establecido *de facto* su capital administrativa.

Hoy día aún pueden admirarse estas cadenas, símbolo del poder marítimo de la corona de Aragón a inicios del siglo XV, frente al altar mayor de la capilla del Santo Cáliz, en la catedral de Valencia. Junto a ellas se exhiben también algunos elementos de abordaje de la misma campaña. Los trofeos fueron donados por el rey a la catedral en 1424 y quedaron expuestas hasta el año 1779, en que se trasladaron a la capilla.

Este episodio pone de relieve la importancia que para la corona de Aragón, como para el Papa Luna, tenían también el mar y la Armada. El rey logró la conquista de la ciudad francesa gracias a su flota naval y, dirigiéndola al puerto de Valencia, consolidó la proyección internacional de la urbe. También desde Valencia partiría la expedición a Djerba (Túnez). El rey aragonés reforzaba así la capitalidad que la reina, María de Castilla, había dado a la ciudad del Turia con su residencia permanente en el Palacio Real.

A tan solo unos kilómetros al norte se hallaba la ciudad papal, Peñíscola, que, pese al fallecimiento del Papa Luna, seguía contando con el apoyo de la monarquía y preparaba la sucesión para Clemente VIII.

Interesa cerrar este capítulo haciendo hincapié en la idea que hemos tratado más arriba sobre la prestación de servicios de la armada papal. Benedicto no solo asistió al rey en sus campañas navales, sino que también «permitía a las órdenes militares emplear sus barcos contra los berberiscos, renunciando a los derechos, a cambio de que las galeras se pusiesen a su servicio cuando fuese necesario».[47] Este hecho, como señala Chaín-Navarro, exhibe de forma fehaciente la relación de servidumbre hacia el papa durante el primer tercio del siglo. Y, sobre todo, sitúa al pontífice en el vértice de un poder militar destacable. No solo existía una relación militar con la corona de Aragón, pues forjó una red de intereses con las órdenes militares como una forma de expandir y asentar su papado más allá de los límites geográficos de sus aliados. Todo un Gobierno con estrategia diplomática propia, a diferencia de los otros papas cismáticos, convertidos en marionetas sin planificación de mandato en sus distintas elecciones.

---

47 Chaín-Navarro, C. (6 de abril de 2021). Las galeras del Papa Luna. *Cátedra de Historia y Patrimonio Naval.* https://blogcatedranaval. com/2021/04/06/las-galeras-del-papa-luna/. No existe mucha información al respecto de la flota naval del papa Luna. Uno de los estudios más completos, como hemos visto, es el de Gómez Acebes, A. (2015). *Vinaròs y el mar. Relaciones comerciales, socio-políticas y económicas entre los siglos XV y XVII.* Asociació Cultural Amics de Vinaròs.

LA FLOTA DEL PAPA LUNA TRAS SU MUERTE

Tras el fallecimiento del Papa Luna, la flota naval siguió prestando sus servicios tal y como lo hacía hasta ese instante. No solo porque el papado de Peñíscola se prolongase aún un breve período de tiempo con Clemente VIII, sino porque Rodrigo de Luna estaba presto a hacer de ella una agrupación militar a su servicio, al menos los primeros años.

En este sentido, cumplió su papel, más allá de los compromisos adquiridos con el papa, de apoyo al rey y a sus campañas africanas e italianas. Hay que considerar que las siete naves, seis de la flota más la que era propiedad de Benedicto, suponían, por poner un ejemplo, un cuarto de las veintisiete galeras que zarparon del puerto de Valencia en la campaña contra Djerba, en lo que se consideró una de las grandes armadas de ese siglo en todo Occidente. No está claro que toda la flota papal participase en esta campaña, pero al menos parte de ella sí. De hecho, quien se encargó de transportar las cadenas marsellesas, y posiblemente quien logró romperlas, había sido el almirante valenciano Corbera. No pierdan de vista, de nuevo, que se trataba del gran maestre de la Orden de Montesa, la misma heredera del Temple.

La flota benedictina suponía un punto de apoyo muy valioso en la cruzada silenciosa que se llevaba a cabo en el Mediterráneo oriental contra los musulmanes, tanto frente a corsarios como frente a reinos. El período álgido de esa guerra contra el islam ocurrió entre 1424 y 1433. En esos nueve años, «las armadas y combatientes del rey de Aragón se movilizaron (...) en cuatro ocasiones», incluida «una como el proyecto abortado (...) para organizar una flota de ayuda a los caballeros hospitalarios en Rodas frente al sultán mameluco egipcio»[48].

Este largo ciclo militar de Alfonso el Magnánimo, entre 1420 y 1448, se produjo dentro de la lucha diplomática y política que tenía como epicentro Roma y el papado y que involucró, de uno u otro modo, a Benedicto XIII. En el plan del monarca para alcanzar el control y el gobierno de Nápoles, la presión sobre el papado romano era decisiva, al igual que las campañas navales, que se emplearon como propaganda y distracción del propósito principal. Por ello, el rey mantenía estructuralmente el entramado del Papa Luna, que servía a sus intereses políticos y militares.

Alfonso lideró en persona sus campañas y la guerra contra el islam mediterráneo. En estas empresas acometió movilizaciones de depredación, de saqueo y de botín, al tiempo que las convertía en mecanismos de propaganda para aumentar su prestigio en las cortes europeas como paladín de la cristiandad. Con ello también se garantizaba poder negociar subsidios de cruzada, una forma de ingresar dinero para financiar sus empresas marítimas. La presión sobre Roma fue constante, quizás como reacción a la intromisión del papado en la pelea por el trono de Nápoles, donde se erigió como heredero legítimo.

Solo las guerras con Castilla (en 1425 y en 1429-1430) sacaron al monarca de su objetivo prioritario en Nápoles y lo obligaron a regresar a la península. Para Alfonso, lo primero era la guerra de conquista del reino de Nápoles (1421-1442). La ganó, pero eso no evitó sucesivos conflictos en Italia entre 1443 y 1448.

Es, por tanto, fijando la mirada en el largo plazo, como podemos entender las expediciones norteafricanas del Magnánimo como segunda opción frente a la guerra en el

---

48 Sáiz Serrano, J. (2015). Las expediciones norteafricanas de Alfonso el Magnánimo (1424-1433): financiación y organización militar. En Baloup, D. y Sánchez Martínez, M. (Coord.). *Partir en croisade à la fin du Moyen Âge: financement et logistique*. Méridiennes, p. 213.

sur de Italia. Desde esta perspectiva, el desvío de fuerzas del rey hacia territorios islámicos en 1424 y en 1432-1433 ocurre cuando encuentra obstáculos político-militares para proseguir en las campañas napolitanas. En cada una de estas ocasiones, parece que contó con la ayuda de la flota naval del Papa Luna, dirigida ya en exclusiva por su sobrino. Con la muerte del pontífice y su incorporación al puesto de prior de la Orden de San Juan en Castilla, la presencia física de este concluyó y las operaciones navales tuvieron menos peso en la estrategia de los Luna.

En diciembre de 1423, nada más regresar el monarca de su primera incursión en el sur de Italia (entre 1421 y 1423 intervino en el trono napolitano para apoderarse de él), se retoman los preparativos para una nueva armada. En esta expedición pudo participar también Rodrigo, a pesar del reciente fallecimiento de su tío. El papado de Peñíscola seguía activo y, por tanto, la flota papal debía sus períodos de servicio al rey, tal y como habían acordado. La idea era socorrer a la guarnición aragonesa que había quedado en la capital napolitana, al mando del hermano del monarca, el infante Pedro, en defensa de los intereses sucesorios del monarca al trono del reino de Nápoles.

Paremos en este punto para ver cómo aparece aquí, de nuevo, el apellido Luna. En anteriores capítulos hemos desarrollado la expansión del linaje por la península ibérica. Uno de los personajes de la familia que más relevancia tenía en esos momentos, así como, en cualquier caso, de los que menos poder acumulaban, era Frederic d'Aragó, conde de Luna. Era hijo bastardo de Martín de Sicilia, rey de esta isla y también conde de Luna. Este, a su vez, era hijo de María de Luna, señora de Segorbe y reina junto con Martín el Humano. Los herederos de María habían llegado a aspirar al trono, pero fueron los Trastámara los que finalmente se hicieron con la corona. Sin embargo, la fuerza del apellido y la sangre todavía era significativa en el Gobierno aragonés, lo que llevó al rey a situar al Martín al frente de una flota de veinticuatro galeras.

Frederic debía dirigirse a Nápoles. Antes, hizo una paradita por el camino e intentó el asalto de Bonifacio, en Córcega. En su ánimo pesó el deseo de revancha tras el fracasado intento de asalto en 1421. Al llegar a Nápoles, la flota aragonesa rescata al infante Pedro y parte hacia Sicilia. «Decide entonces, tras recibir refuerzos y quedar al mando del infante, buscar una incursión en tierras del rey de Túnez Abd-al-Aziz»[49]. Interesante la posición y disposición del bastardo Frederic. Habrá que seguirle el rastro más adelante.

Volviendo sobre las andanzas de Alfonso, lo vemos en esta época metido de lleno en el juego político y diplomático napolitano. Tras el Concilio de Constanza, el papado de Peñíscola se transformó en una marioneta sobre el tablero de ajedrez de Alfonso el Magnánimo. Fue recurrente el uso del Cisma como arma arrojadiza contra sus enemigos, Francia y Martín V. La mejor evidencia de ello es el «donativo» de 150 000 florines que se compromete a pagar el papa Martín V a la corona de Aragón en 1429 por poner fin a la sede cismática de Peñíscola. Parte de ese dinero fue destinado a la financiación de nuevas campañas navales contra el norte de África y Nápoles, en un uso irónico del «donativo».

El papel preponderante del monarca aragonés en el teatro estratégico europeo eclipsó el protagonismo de la flota papal, que se constituyó por sí misma en un hecho diferenciador con respecto a otros papados. Aun así, esta realidad no pudo ocultar el uso militar de los recursos del papado, incluso después de la muerte de Benedicto XIII. El progresivo sometimiento de la capacidad militar del Papa Luna a la Corona fue una realidad a partir de su desaparición, aunque no cesó la actividad de forma repentina. Aún prolongó durante años el servicio más allá, incluso, de la propia Corona, y se convirtió, como remarcamos, casi en un servicio mercenario coordinado por Rodrigo de Luna, figura fundamental para entender la estrategia guerrera del Papa Luna.

---

49   *Ibid.*, pp. 214-215. Más información sobre las campañas en la obra citada.

RODRIGO DE LUNA

Uno de los personajes históricos menos conocidos y más importantes en la vida de Benedicto XIII fue Rodrigo de Luna, su sobrino. Poco o nada se ha estudiado sobre esta figura histórica que fue capaz de crear el entramado de defensivo y guerrero del papa, tanto en Aviñón como en Peñíscola. Rodrigo, además, ejerció una labor esencial en las negociaciones que llevó a cabo a lo largo y ancho de la península en representación del pontífice. Un personaje que logró sobrevivir a su tío proyectando su carrera en cargos de responsabilidad más allá de Aragón.

En la permanente comparación con un personaje muy similar, César Borgia, hay que destacar el final desemejante que tuvieron uno y otro. Si el hijo del segundo papa Borgia acabó sus días asesinado y despreciado por casi todos tras haber llegado a lo más alto del poder terrenal, Rodrigo de Luna disfrutó del respeto y aprecio de sus contemporáneos, sobre los que siguió ejerciendo un poder en la sombra, tal y como había obrado con su tío.

Su vida no solo no se apagó con la pérdida de Benedicto XIII, sino que obtuvo una notable presencia pública gracias a ser nombrado prior de la Orden Militar de San Juan en los reinos de Castilla y León (1428-1440), además de convertirse en un estrecho colaborador de otro Luna histórico: el también aludido condestable de Castilla, don Álvaro de Luna, de quien era, a su vez, tío. Como constatamos, un auténtico lío de cruces familiares.

Esta cadena de favores de sangre puede que sea una de las características menos desarrolladas de los estudios medievales españoles, y, no obstante, fue decisiva en la política. Sin el despliegue familiar que pusieron en marcha las dos ramas más relevantes de los Luna no podría haberse concebido, al menos tan pronto, la unión territorial peninsular. Así como suena, por exagerado que pueda parecer.

Pero, volviendo a Rodrigo y retomando las similitudes con César Borgia, el rol que jugó durante el pontificado de su tío fue algo parecido a lo que, tan solo unos años después, ejercería el duque de la Romaña. Tan injustamente desacreditado, César fue capaz de estructurar, organizar y sostener un auténtico ejército papal que mantuvo a raya a las eternamente insumisas ciudades-Estado del centro de Italia, que en su mayoría debían vasallaje al pontífice.

Hasta qué punto fue bien valorado y exitoso el trabajo desarrollado por César lo explica el hecho de que, durante unos meses, compartió candidatura con Gonzalo Fernández de Córdoba, el Gran Capitán, para liderar los ejércitos de Fernando el Católico en Nápoles. El destino quiso que el padre de César, el papa Alejandro VI, falleciera antes de su designación, lo que desbarató toda posibilidad de entrar al servicio del monarca español. Sin las grandes campañas militares que sí lideró César, el trabajo de Rodrigo no hubiera quedado tan escondido y anónimo como quedó. No solo ese trabajo: sumió también al personaje en una neblina histórica que los investigadores aún no han sabido despejar.

Del que fuera capitán de los ejércitos del Papa Luna se desconoce la fecha y el lugar exactos de su nacimiento. «Las primeras noticias que existen sobre Rodrigo de Luna se remontan al año 1400, cuando el rey Martín I de Aragón solicitó al castellán de Amposta (prior de la Orden Militar de San Juan en el reino de Aragón) que confiriera el hábito de la Orden a Rodrigo de Luna y le atribuyera la encomienda sanjuanista de Horta»[50]. Comenzaba una carrera

---

[50] Como en el caso de Pedro Martínez de Luna, un perfil no muy extenso pero muy bien documentado y trabajado de Rodrigo de Luna se encuentra en la web de la Real Academia de la Historia. La labor ecléctica de Carlos Barquero Goñi ha servido para completar el dibujo que se ofrece del personaje en este libro. https://dbe.rah.es/biografias/32133/rodrigo-de-luna.

en la orden a la que años después lideraría en esa Corona y en la de Castilla. Una carrera que no había sido elegida al azar ni servía solo a las aspiraciones privadas y a la satisfacción de un ego personal. La orden sanjuanista encajaba también en esa red estructurada en torno a la desaparición del Temple y que uniría no solo a Castilla y a Aragón, sino también a Portugal. No es casualidad que en los tres reinos principales de la península, durante el siglo XV, coincidieran como monarcas tres Juanes: Juan II de Aragón y Navarra, Juan II de Castilla y Juan I de Portugal.

Rodrigo entró en la Orden de San Juan y logró la encomienda de Horta. Con todo, «tuvo que renunciar a ella en 1403 cuando su tío, el papa Benedicto XIII, le nombró comendador de Masdeu, Puig-Reig y Cervera en Cataluña. Además, Benedicto XIII también le confirió en 1405 la encomienda catalana de Bajoles». Así pues, Rodrigo había alcanzado cierto rango de prestigio dentro de la orden y, por ende, en el entorno político del papado de Peñíscola y de Aragón. El sobrino de Benedicto «asistió como comendador de Bajoles y de Masdeu a las reuniones del Capítulo Provincial del priorato sanjuanista en los años 1411, 1412 y 1414». En 1415, en un nuevo salto, el Papa Luna lo designó comendador de la gran encomienda aragonesa de Monzón.

La carrera de Rodrigo iba tomando cuerpo sin prisa pero sin pausa. Su tío se había erigido como mentor, arrastrándolo con él en sus continuos desplazamientos. Sirvió en el ejército papal mientras Benedicto residió en Aviñón y vuelve a aparecer documentado en 1418 en Peñíscola, cuando ya ejercía como capitán de las fuerzas papales. En ese tiempo, hizo de intermediario, a modo de diplomático de su tío, en todos los asuntos que tenían que ver con el Cisma. Incluso Alfonso el Magnánimo intentó, sin éxito, que mediara con su tío para obtener la renuncia del papa al pontificado. También es cierto que el rey no presionó en demasía a sabiendas de los intereses depositados en Nápoles.

Muerto el Papa Luna, con el poder económico y militar heredado defendió su legado y brindó protección a su mano derecha, Jean Carrier. Es en este punto cuando nace la leyenda sobre la continuidad del legado eclesiástico de Benedicto XIII a través de Carrier, que no acató el sometimiento de Clemente VIII al papa Martín V y resolvió continuar nombrando papas de la línea benedictina.

Sin embargo, la realidad menos trascendente involucra a Rodrigo ofreciendo sus servicios militares al monarca Alfonso el Magnánimo y a María de Castilla en sus respectivos mandatos sobre el reino de Nápoles y la corona de Aragón. Es más que probable que tuviera una mayor relación con la reina que con Alfonso, ya que este residía de manera permanente en tierras napolitanas.

Así mismo, siguió manteniendo relación directa con las órdenes herederas del Temple: Montesa, San Juan y la Orden de Cristo en Portugal. Aparece otra vez la figura de Fernández de Heredia como valedor para lograr para él, cinco años después de la muerte de Benedicto XIII, el priorato de la Orden de San Juan en un territorio ajeno a su origen: en Castilla y en León. Volvía así Rodrigo a la primera línea de la responsabilidad pública. Una circunstancia que devendrá definitiva cuando su sobrino, Álvaro de Luna, se convierta en valido de Juan II de Castilla. En 1428, cuando el monarca castellano lo nombró prior, fue don Álvaro de Luna otro de sus grandes protectores.

Compatibilizó el nuevo cargo con el ejercicio simultáneo del puesto de comendador sanjuanista de Monzón, en Aragón, lo que le permitió tener una visión global de las dos coronas. La posterior guerra entre Aragón y Castilla, relata Barquero Goñi, «provocó que el rey Alfonso V [el Magnánimo] de Aragón le secuestrase el castillo de Monzón. Sin embargo, el monarca aragonés se lo devolvió tras el final del enfrentamiento en 1438. Rodrigo de Luna pudo así conservar la encomienda aragonesa de Monzón hasta su muerte». Máxima autoridad del Hospital en Castilla y poseedor de la encomienda de Monzón en Aragón, su poder las unificó.

Si no se conoce mucho sobre este personaje histórico, menos aún de la etapa al lado de su tío, el Papa Luna. Los pocos trazos que de él han sobrevivido hacen pensar que se trató de la misma persona, tal y como afirman diferentes autores. En cualquier caso, lo cierto es que, a partir de 1428, con la figura de Benedicto XIII ya enterrada, Rodrigo de Luna se convirtió en fiel colaborador de su sobrino Álvaro de Luna y del rey castellano Juan II, con la dirección peninsular de la Orden de San Juan en sus manos. Precisamente este hecho es el que sirve de referencia a los investigadores para confirmar que se trata del mismo personaje, puesto que la carrera de ascenso dentro de la orden la impulsó desde su inicio el propio Benedicto XIII.

Otro de los aspectos que redundan en la idea anterior fue su vinculación con la carrera militar. Durante los años en los que estuvo junto a Benedicto XIII, se había encargado de formar los ejércitos papales y adquirió la experiencia y el prestigio suficientes como para que su nombre trascendiera más allá de la península ibérica. De nuevo vemos aquí un rasgo que lo hace muy similar a César Borgia, superviviente militar de su padre aunque con menor fortuna que Rodrigo.

Durante su mandato en solitario, la carrera militar la ejerció ayudando al rey de Castilla frente a sus enemigos: los musulmanes y la levantisca nobleza castellana. En 1431 participó en la batalla de la Higueruela, una batalla considerada «el éxito militar más importante en la frontera granadina de Juan II de Castilla»[51] y en la que aún prevalecía «el ideal cruzadista»,[52] que también encajaba en el perfil de Rodrigo. Y en 1439 se encontraba en el ejército reunido por Juan II para reprimir la rebelión del almirante de Castilla y del adelantado, Pedro Manrique. Hasta se enfrenta a su familia aragonesa, en 1440, engrosando las filas del ejército castellano en un intento de Juan II por recuperar la ciudad de Ávila, ocupada por los infantes de Aragón.

La relación con don Álvaro de Luna y el rey Juan II, aunque no tan intensa y cercana como la que tuvo con su tío,

---

51   Nieto Soria, J. M. (2010). El ciclo ceremonial de la batalla de La Higueruela (1431). *Estudios de Historia de España*, 12(2), p. 389.

52   *Ibid.*, p. 403.

fue de bastante intimidad. De hecho, podría decirse que el cargo obtenido en la Orden de San Juan del Hospital vino avalado por la relación de parentesco con el valido del rey: «Don Rodrigo recibió esta dignidad gracias a la influencia de Álvaro de Luna sobre el rey. Esta última circunstancia es confirmada por varias fuentes».[53]

A partir de este nombramiento, su trayectoria al lado de Benedicto XIII posibilitó que se le respetase tanto en el ámbito militar como en el político. Diríase que actuó de consejero, al igual que hiciera con Benedicto XIII: «En agosto de 1436 se encontraba entre los acompañantes de Juan II y Álvaro de Luna en un viaje entre Madrid y Toledo. En 1439 el monarca castellano envió al prior Rodrigo de Luna a Alaejos para consolar a su cuñado, el infante Enrique de Aragón, cuando falleció su esposa, la infanta Catalina, hermana de Juan II. Ese mismo año, además, se sabe que Rodrigo de Luna comió en una ocasión con el rey de Castilla en la localidad de Paradinas»[54]. Fue un enlace fundamental entre las coronas de Aragón y Castilla, no solo en el espacio, sino también en el tiempo, como puente entre el proceso de lanzamiento del plan global de su tío y de Alfonso el Magnánimo y el principio de reunificación peninsular que capitanease María de Castilla, reina de Aragón.

En cuanto a su gestión como prior de la Orden de San Juan en Castilla, hay que recordar la conexión constante con el gran maestre, Juan Fernández de Heredia, uno de los más importantes de su historia. Hagamos un poco de memoria al observar, como hemos hecho con anterioridad, que, cuando la Orden del Temple fue disuelta y su gran maestre y los principales caballeros ejecutados bajo la acusación de herejía en Francia, la Orden de San Juan del Hospital no solo se hizo con buena parte de sus riquezas, sino también, sobre todo, con sus miembros. La conjunción de ambas cosas la convirtió en una institución de gran renombre durante el

---

53   Barquero Goñi, C. (1998). Disputas por el priorato de Castilla en los siglos XIV y XV. *Hispania*, 58(199), pp. 548.

54   Barquero Goñi, C. (s.f.). *Loc. cit.* [en la Real Academia de la Historia].

siglo xv. Fernández de Heredia fue gran maestre hasta su muerte, en 1396. Lo sucedió Philibert de Naillac.

La relación de la Orden de San Juan con el papado comienza antes de la llegada al trono de Benedicto XIII. Fernández de Heredia llega a ser nombrado gobernador de Aviñón y se encarga de la defensa de la sede pontificia. No obstante, también es verdad que la vinculación más intensa se produce a partir del nombramiento del Papa Luna. Ambos eran aragoneses, estaban al mando de las dos organizaciones católicas más poderosas del momento y compartían espacio en la ciudad papal. El apoyo que el primero presta al segundo llega al extremo de que, según Jerónimo Zurita, el historiador del siglo xv, cuando Pedro Martínez de Luna accede al papado en Aviñón encuentra pignorados incluso los ornamentos sagrados de la capilla reservada al pontífice, y es Fernández de Heredia quien, con sus bienes, rescata a Benedicto. Su situación económica era, hasta ese instante, muy comprometida. Tampoco era algo anormal en el acceso al trono de los nuevos pontífices. Pero es pertinente advertir que fue precisamente Fernández de Heredia quien permitió recomponer las arcas papales e iniciar un gobierno fuerte, lo que redundaría también en un largo y prolífico mandato.

Esta amistad, que permitió también la no dependencia del rey de Francia, no podía sino deteriorar, en sentido inverso, la relación con el monarca galo, que veía con recelo el poder que dos súbditos de la corona de Aragón, su gran enemigo, habían adquirido.

Son años en los que coincide también con Rodrigo, al que su tío había encargado la dirección del ejército o guardia pontificia. La relación de ambos, gobernador y jefe militar del papa, sería profunda y estrecha. En el 96 moriría Fernández de Heredia, no sin antes haber establecido y organizado las bases de la consolidación de los ideales sanjuanistas por la península ibérica. La concentración de cargos de la orden en Aragón y Castilla en una sola persona suponía la garantía de continuidad del proyecto una vez desaparecidos sus dos máximos valedores, Fernández de Heredia y Benedicto XIII.

La presencia de Rodrigo en el día a día de Castilla también fue recogida por los cronistas de la época, como fiel reflejo de su hiperactividad y movimientos dentro de la esfera de poder. Como bien recuerda el historiador Carlos Barquero en su semblanza, el cronista castellano del siglo XV Alonso de Palencia «señala que Rodrigo de Luna observó lo mejor que pudo las constituciones sanjuanistas y que empleó con inteligencia a los miembros de la Orden en el gobierno de las villas de su señorío». Buen ejemplo de esto es la etapa de paz que reinó durante su mandato en la relación de la orden con la Mesta. Tras su fallecimiento, este período de buena sintonía fue tensándose progresivamente hasta desembocar en conflictos de envergadura.

Sus acciones tampoco pasaron desapercibidas en la sede de los hospitalarios, en Rodas. Allí se ratificó el gobierno equilibrado del sobrino de Benedicto XIII y se le secundaron sus acciones en varios momentos, el último de los cuales se daría en 1433. Con ello, Rodrigo confirmaba su función determinante en el área geográfica de la península y en la política sanjuanista de unificación. Entre los movimientos que más ayudaron a consolidar el protagonismo hospitalario en Castilla del sobrino del Papa Luna se halla la actividad bélica contra los musulmanes: fruto de esta guerra contra el infiel, la orden le otorgó el privilegio de movilizar a todos los miembros del Hospital para seguirlo en sus campañas.

En definitiva, nos encontramos ante un nombre primordial en la historia de Benedicto XIII cuya personalidad logró sobrevivirle y consolidarlo como un referente en la política castellana y peninsular. Resume como nadie la estrategia y el ideario de la familia Luna para con los reinos hispanos, al ser capaz de moverse en el ámbito político tanto aragonés como castellano entendiendo ambos como parte de una única entidad geopolítica. A diferencia de César Borgia, con quien lo he comparado en varias ocasiones, su capacidad intelectual le permitió sobreponerse a su mentor y navegar más allá del fallecimiento del papa.

Entendió la política como un conjunto amplio de campos en los que hay que ir sembrando para poder sobrevivir. El ímpetu y la falta de visión global de César lo condujeron a un final abrupto, muy alejado del concepto intelectual con el que fue formado Rodrigo por Benedicto XIII.

Este personaje tan relevante como poco valorado murió en Valladolid la noche del sábado 17 de septiembre del año 1440, casi veinte años después que su tío. «La *Crónica del halconero de Juan II* menciona que el rey de Castilla sintió mucho su fallecimiento».

MARTÍN V

Otro de los personajes importantes en la vida de Benedicto XIII fue su archienemigo el papa Martín V. Si hemos visto cómo Rodrigo representó la clara intención y apuesta del Papa Luna por establecer una estrategia militar tanto por tierra como por mar, Martín fue una de las razones para que este camino se consolidara y agrandara.

La enemistad entre ambos pontífices era mutua, ya que el romano aspiraba a la renuncia del aragonés para convertirse en el único jefe de la iglesia y liquidador del Cisma. Pero la alergia era más enérgica de Martín hacia Benedicto que viceversa, a tenor de los escritos y documentos en los que aparecen ambos.

En este sentido —y como se ha expuesto—, Martín V, como buen italiano, trató de solucionar el problema mediante el veneno y la traición, hechos que se sucedieron y casi llegan a *buen* término hasta en dos ocasiones. Una de ellas, lo hemos visto, dejó al anciano Benedicto a las puertas de la muerte. Pero no lo consiguió. Martín V preparó con antelación la maniobra. Envió a la corona de Aragón como legado al cardenal pisano Adimari. El verdadero objetivo de este era negociar la renuncia de nuestro protagonista. Tras algunas visitas de cortesía a varias poblaciones, entre ellas Zaragoza, se centró en el plan ideado por el papa. Sobornó a un miembro del servicio de Benedicto XIII y le ordenó envenenarlo. El traidor se valió de unos pastelillos de membrillo, los favoritos del Papa Luna, para engañarlo y darle muerte. Pero el papa se sobrepuso después de unos días críticos y su sobrino Rodrigo persiguió al cardenal hasta Barcelona, donde tenía que embarcar hacia Roma, para acabar con su vida, aunque este logró escapar escondido en una embarcación. Desde entonces, el capitán de los ejércitos papales incrementó el esfuerzo defensivo dentro del castillo-palacio, en Peñíscola, y la dotación de soldados y barcos destinados a tal fin.[55]

Benedicto, que había sobrevivido a todos sus enemigos, fallecía con 94 años antes de que Martín abandonase este mundo. Fue la única victoria del papa italiano sobre el aragonés, que no había podido siquiera recuperar una de las reliquias más importantes del cristianismo y la que le daba, sobre el papel, la legitimidad de su coronación: la tiara de San Silvestre. Pese a intentar robarla en más de una ocasión, pues se hallaba protegida en Peñíscola, hubo de esperar a la muerte del Papa Luna para llevarla a Roma, tras ser entregada por Clemente VIII el día de su abdicación. Ironías de la vida, unos meses después fue al romano a quien se la robaron.

El colegio cardenalicio eligió a Martín V en 1417, en el Concilio de Constanza. El nuevo papa provenía de una de las familias más ricas y tradicionales de Roma, los Colonna. La opulencia y las riquezas que les gustaba exhibir tanto a él como a su familia le granjearon mala fama incluso entre sus conciudadanos. Ya hemos explicado que Martín era el *alter ego*, el antagonista de Benedicto XIII. Su ostentación y su apego al dinero llevaron a Martín V a fijar su residencia en Florencia, temeroso de que los romanos lo maltrataran. Los florentinos se rebelaron y humillaron al pontífice cantándole *Papa Martino non vale un quattrino* («el papa Martín no vale un cuatrín».)

Efectivamente, el papa, que adoptó el nombre de Martín V en honor a Martín de Tours, cuya festividad se celebraba el día de su elección, pretendía el fin del Cisma de

---

55 Si tienen hijos en edad escolar, les recomiendo el contenido que preparamos para la Diputación de Castellón, en el que se esbozan diversos personajes de la vida del Papa Luna. Entre ellos, el del propio Martín V. https://castillodepeniscola.dipcas.es/es/fichas-del-maestro.html.

Occidente. En el cónclave se depuso a los papas Juan XXIII y Benedicto XIII, mientras Gregorio XII renunciaba a su cargo. No obstante, Benedicto se mantuvo firme y siguió actuando como pontífice, evitando poner punto final al Cisma. La corona de Aragón continuó apoyando a su compatriota. Tampoco en la corona de Castilla se dejó de obedecer a Benedicto XIII hasta que se consolidó la proclamación del nuevo pontífice. La reina Catalina «escribió al Concilio una carta que se leyó en Constanza el 17 de marzo de 1418, en la que detallaba cuáles habían sido las razones de esa conducta [de persistir en la obediencia a Benedicto] y en la que pedía la absolución para ella y su hijo por las penas en que por ello hubiesen podido incurrir».[56]

El grueso Oddone era hijo de Agapito Colonna y Caterina Conti, una de las familias aristocráticas romanas más antiguas y con mayor influencia de su época. El peso de su apellido prometía para el futuro Martín una portentosa carrera en el ámbito eclesiástico. Para lograr tal objetivo, empezó sus estudios en la Universidad de Perugia. Al finalizar, fue propuesto convenientemente para entrar en la curia romana, donde en 1402 fue nombrado cardenal diácono de San Jorge por Bonifacio IX.

Su meteórica carrera le produjo algún sobresalto como tener que huir de Lucca, donde los había recluido el papa Gregorio XII para organizar el Concilio de Pisa. Con tendencia ya a la traición, tomó parte en este concilio para intervenir en la elección de Alejandro V y de Juan XXIII. Supuestamente, el movimiento pretendía reconciliar a la línea de Aviñón con la de Roma y acabar así con el Cisma.

Con el título de pontífice en la mano, y temiendo no ser recibido con alegría, Martín V retrasó su regreso a Roma, a pesar de ser oriundo de esta ciudad. Durante un tiempo, estuvo viviendo alternativamente en Mantua y Florencia. Sin embargo, una de sus mayores fijaciones seguía siendo el retorno del papado a la Ciudad Eterna, pero esta circuns-

---

56   Tavelli, F. (dic. de 2013). El concilio de Constanza y el fin del Cisma. El rol del reino de Castilla en el camino hacia la unidad. *Teología* (112), p. 102.

tancia no se producirá hasta septiembre de 1420. Roma era una ciudad arruinada, llena de delincuencia y decaída no solo por el período de abandono que supuso la pérdida de la sede pontificia, sino también por un proceso de decadencia iniciado décadas antes del papado de Aviñón.

Una vez trasladado a Roma, ejerciendo ya como papa *in pectore*, se instaló en San Juan de Letrán y se puso manos a la obra para emprender la recuperación de la urbe, tarea a la que dedicó gran parte de sus energías. En este período es cuando más proliferan las acusaciones de nepotismo y de abandonar la obra de reforma de la Iglesia.

La política impregnó como ninguna otra cosa el pontificado de Martín V, presionado por Francia, el Sacro Imperio y la corona de Aragón. El proyecto de vuelta a Roma no solo implicaba la reconstrucción de la ciudad, sino también la recomposición del tablero italiano, sobre el que se hallaban los movimientos diplomáticos internacionales.

En este marco, la permanencia de Benedicto XIII en Peñíscola suponía, como ya hemos comentado, un comodín que jugaban hábilmente los reyes de la corona de Aragón, María de Castilla y Alfonso el Magnánimo, este último más centrado en el sur de Italia y raudo a hostigar desde Nápoles a Roma y al papado para alcanzar sus fines.

Las últimas posibilidades del Papa Luna pasaban por mantener en su bando a los territorios fieles que aún lo secundaban. El origen mismo del papado de Aviñón, con los señores del sur de Francia, Gascuña, Languedoc y la siempre comprometida Escocia lo siguieron hasta el final. Por supuesto, su soporte básico provenía de la península, tanto de Aragón como de Castilla, que fueron objetivo de sendas legaciones destinadas por Martín V a estos reinos. Una de ellas, como hemos visto, fue la del obispo de Pisa, Adimari, en Aragón, que escondía el plan para envenenar a Benedicto. Esta tentativa tuvo un efecto contrario al que previó Martín, al avivar una corriente de simpatía hacia Benedicto cuando ya estaba en los últimos años de su vida.

En todo caso, la clave de los acontecimientos se halla en la política italiana. El reino de Nápoles, que basculaba entre Francia y Aragón, centraba la política de alianzas, focalizándose como elemento de presión para asaltar Roma. Este territorio estaba gobernado por la reina Juana II, carente de hijos, con lo que la sucesión se convirtió en el gran asunto de la política internacional. El proyecto de expansión mediterránea de Alfonso el Magnánimo incluía la obtención de la corona napolitana. Esta pretensión entraba en conflicto con la del rey de Francia, Luis III de Anjou, que aspiraba también a Nápoles como piedra angular de su dominio europeo y mediterráneo.

Martín V se decantó por el francés, que además había apoyado su ascenso al papado. El pontífice era consciente de que Francia era un poder menguante y, por lo tanto, más controlable frente a Aragón, que era una potencia expansiva y por tanto menos influenciable.

En julio de 1421 llegaba Alfonso V a Nápoles y se hacía con el control de la ciudad. En el juego de alianzas internacionales, el papa servía a los intereses de Francia y mostró su disgusto con la presencia del rey aragonés. Además, Luis de Anjou trató de unir a su causa a Florencia y Milán. Estas dos ciudades no veían con simpatías la instalación aragonesa en el sur de Italia.

Era el momento de que la diplomacia de la corona de Aragón volviera a enarbolar el fantasma del Cisma. Entró en escena, una vez tomado el territorio, y Alfonso V amenazó con volver a la obediencia de Benedicto XIII si sus aspiraciones italianas se veían defraudadas por Martín V. El juego político llevó al rey a presionar, de manera indirecta en septiembre de 1420 y de modo más contundente en agosto de 1421, coincidiendo con el transcurso de las operaciones militares en Nápoles.

El acuerdo tácito en Nápoles, con un Alfonso que reinó en el territorio y no volvió a pisar suelo peninsular, incluyó también una serie de condiciones menores que, a la larga, permitirían el éxito que se había negado al proyecto del Temple en la figura de Benedicto XIII: en 1429 sería nombrado obispo de Valencia Alfonso de Borja, luego papa Calixto III.

Embravecido por el fallecimiento de Benedicto, con el consiguiente final del Cisma de Occidente, quiso también terminar con el de Oriente. En el siguiente movimiento político, aupó al cardenal español Pedro de Fonseca, antiguo colaborador de Benedicto, para que encabezara la legación a Constantinopla. Allí debía negociar con el emperador sobre la posible unión de la Iglesia griega con la católica. Fracasó y, tras la muerte del cardenal español, comenzó a preparar el Concilio de Basilea, aunque ya no llegaría a tiempo para presidirlo.

La presencia de Martín V en la biografía de Benedicto XIII hay que encuadrarla en su contexto cronológico. El papa romano irrumpe en la fase final de la vida del aragonés. Creía con seguridad en ser el papa que pondría colofón al Cisma y, enfrente, se encontró con otro papa dispuesto a morir antes que entregar su tiara. La enemistad profunda que sentía el primero por el segundo se tradujo en toda una relación de decisiones que lo condujeron a socavar todavía más su propio poder. Se echó en manos de Francia, que iba a ser la gran derrotada contra la corona de Aragón, y representó esa derrota allá donde ofreció batalla.

El papa romano odiaba a Benedicto XIII. Hizo cuanto estuvo en su mano para vencerle, aunque siempre sin éxito. Hasta envenenarle se le reveló como un medio lícito con tal de acabar con el que creía el único escollo para finiquitar el Cisma. Y en todas y cada una de las ocasiones salió derrotado, lo que incrementaba todavía más su aversión hacia nuestro Papa Luna.

Paradójicamente, aquello para lo que se suponía que serviría Constanza, el fortalecimiento de la Iglesia frente a los Estados, se convirtió en todo lo contrario. El control de la elección del nuevo papa produjo deudas políticas que lastraron el gobierno de la Iglesia, mucho más dependiente de lo que lo fue con Benedicto XIII. «El pontificado de Martin V (1417-1431) representó un momento decisivo de esa toma de conciencia del papado sobre el nuevo sentido que debían tomar las relaciones con los distintos príncipes cristianos. Una toma de conciencia en la que, desde luego, incidirían de manera determinante las condiciones especialmente favorables en las que se hallaron los príncipes más influyentes al término del Cisma para imponer algunos de sus criterios particulares al papa salido de Constanza».[57]

57 Nieto Soria, J. M. (1994). El pontificado de Martín V y la ampliación de la soberanía real sobre la iglesia castellana (1417-1431). *En la España Medieval* (17), pp. 115-116.

El ámbito de influencia y actuación de Benedicto XIII se había extendido a toda Europa, desde Francia hasta Nápoles, pasando por el Sacro Imperio. Las miradas de la península ibérica y de todo el Viejo Continente se centrarían por su obra en la corona de Aragón y, concretamente, en el municipio castellonense de Peñíscola.

IV. LA SOLEDAD DEL PAPA LUNA: DEL CIELO AL LIMBO[58]

El final del Papa Luna podría ser descrito de múltiples formas, según el punto de vista histórico. Sin embargo, para poder comprender mejor lo que lo rodeó esos últimos años, hay que tener muy presente su longevidad. Si partimos de esta premisa y le añadimos la protección que recibió por parte de la corona de Aragón hasta el último suspiro, manteniendo intacto su proyecto intelectual, uno podría afirmar con cierta tranquilidad que en absoluto consumió sus últimas horas solo y abandonado. Puede que perdiera la batalla por el papado y el final del Cisma, pero su obra se mantuvo más viva que nunca, a solo unos decenios él de verla triunfar. Tratemos de navegar en los postreros acontecimientos que circundaron su vida para comprender mejor la sensación de derrota o la conciencia de triunfo que pudo anidar en su cabeza.

Benedicto XIII fue, según el derecho eclesiástico, legítimo papa. «La historia de los hechos y la legitimidad teológica y canónica asisten a su oficio y persona».[59] La rotundidad de la afirmación no reduce un ápice su objetividad.

---

58 Un descriptivo recorrido, con cierto aire literario, lo podemos encontrar en Cuella Esteban, O. (2006). *Bulario aragonés de Benedicto XIII. La Curia de Peñíscola (1412-1423)* (Vol. 3). Institución «Fernando el Católico». Sin duda, una fuente de inspiración para esta parte de nuestro libro.

59 Alanyà i Roig, J. *Op. cit.*, p. 37.

Tanto su elección como su mandato fueron legales, aunque condicionados por el Cisma y el desarrollo posterior del mismo. Esto significa que el interés político primó sobre el eclesiástico a la hora de juzgarle. Tanto es así que se ha popularizado la afirmación de que *nadie encontrará un error en sus argumentaciones ni una indignidad en su conciencia*. ¿Cómo pudo entonces caer derrotado al final de su vida?

Para entender al personaje, debemos hacer un ejercicio de empatía y recorrer la década que va desde el casi apoteósico triunfo, con la declaración de Peñíscola como sede papal (septiembre de 1411), hasta su muerte. Se trata del camino que conviene realizar necesariamente a través de los hechos más relevantes que influyeron en el ánimo de Benedicto XIII. Momentos que no se pueden dejar pasar por alto si queremos observar el mar Mediterráneo con los mismos ojos con que lo hacía aquel anciano papa de 94 años que se despedía del mundo en 20 de mayo de 1423.

Un año antes de establecerse en Peñíscola, Benedicto se enfrentó a una circunstancia delicada: la muerte, sin descendencia, del rey Martín el Humano. El aragonés supo convertir un hecho negativo en una oportunidad para asentar su poder. En el plano político, aquella instauró un período de desorientación en la Corona debido a lo imprevisto de la ausencia. En lo personal, supuso para nuestro protagonista la pérdida de un apoyo decidido a su causa. Desaparecía su gran valedor frente a Roma, pero también uno de sus mejores amigos.

Tras el sepelio, el 20 de junio de 1410, la sucesión en el reino se transformó en el mayor y más urgente problema al que, como noble y como pontífice, habría de buscar solución. Experto en leyes y avezado político, tal cual lo hemos presentado, entendió esas circunstancias como las mejores para no solo evitar el enfrentamiento armado entre los pretendientes al trono, sino además imponer el legado templario que subyacía en su propósito intelectual.

La rivalidad de los aspirantes a la Corona era una traslación de la existente entre las principales familias nobiliarias. La situación no difería en exceso de lo que ocurría en cualquier reino cuando no existía sucesor al trono. De hecho, la corona de Aragón había pasado por situaciones similares no hacía demasiado tiempo, por lo que el proceso no supuso un enfrentamiento armado, como sí ocurrió en Castilla. Eso no quiere decir que las diferentes familias nobiliarias aragonesas no tomasen posiciones ante la perspectiva de acceder al trono.

Ante esta realidad, Benedicto aprovecha el vacío de poder para tutelar el trámite y hacerse con el control de la Corona. «Lunas y Urreas en Zaragoza, Liñanes y Sayas en Calatayud, Marcillas y Muñoces en Teruel, Centellas y Soler en Valencia (...), para superar los partidismos, apoya con tesón el sistema parlamentario como medio de lograr una elección según justicia».[60] A mediados de 1411 reservó, ganó para la Santa Sede la Iglesia zaragozana, «desde donde podía actuar directamente como arzobispo del reino y orientar la reunión de Alcañiz hacia la famosa "Concordia"...». Ofreció el Papa Luna Caspe, en manos del Hospital, como lugar neutral que podía contar con la aprobación de los tres parlamentos. De nuevo, la orden sanjuanista, heredera de los templarios y cuya existencia será decisiva durante los siglos XIV y XV. Una plaza, Caspe, vinculada también estrechamente a Juan Fernández de Heredia, fundador allí de un convento hospitalario en el que sería enterrado después.

Fernando de Antequera, infante de Castilla, fue elegido por los compromisarios para gobernar la Corona. Lo proclamó san Vicente Ferrer, amigo de Benedicto XIII, el 28 de junio de 1412. El papa interpretaba felizmente este acontecimiento como la reválida de la alianza de la monarquía con su causa y el apoyo definitivo de Aragón y Castilla. «Con su reinado se alejaban las dudas y renacía la esperanza de mantener en los reinos hispánicos la legitimidad».[61] Supuso para él uno de sus mayores triunfos políticos, puesto que la ocupación del trono por los Trastámara había sido conse-

---

60 Cuella Esteban, O. *Op. cit.*, p. 8.
61 *Ibid.*, p. 9.

cuencia de sus movimientos diplomáticos y políticos. Una dinastía que también había ayudado a alzarse con el mando de Castilla años atrás.

En esta tesitura da comienzo la última década de vida de Benedicto. Un monarca nombrado por él, una dinastía aupada al Gobierno de Castilla gracias a su intervención, una sede pontificia en la Corona desde la que podía influir tanto en Aragón como en Valencia (territorios claves en el gobierno político) y una ciudad, Peñíscola, que miraba hacia Roma facilitando las comunicaciones y el desafío permanente.

Frente a este fortalecimiento interno, desde el exterior se seguía tratando de exigir la renuncia del Papa Luna. La actividad de Roma al respecto fue constante y se incrementó a medida que nos acercamos a la condena en Constanza. «Para los años 1412-1417 se han constatado casi novecientas bulas relacionadas con Aragón. En este contexto de bonanza y crecimiento de la legitimidad del papa aragonés, irrumpe el Concilio de Constanza, en 1414. En principio, si el principal objetivo conciliar debía ser la unidad de la Iglesia, era necesario contar con la nación hispana y con el pontífice en ella reconocido, Benedicto XIII, el cual, además, podía ostentar el pontificado más largo y presentar un afán constante por la unidad. Con esta finalidad, por tanto, Juan XXIII y el emperador enviarían embajadas a Castilla y Aragón, cuyo nuevo rey se hallaba precisamente reunido en Cortes en Zaragoza tras su coronación en la catedral de La Seo. No obstante, la intención principal del Concilio no era confirmar a uno de los papas en funciones, por más legítimo que pareciera a sí mismo o a su obediencia, porque tales intentos ya se habían producido antes, sin que hubiera unanimidad en seguidores y oponentes por igual».[62]

Monarca y pontífice se encontrarían en la ciudad de Morella en el verano de 1414 para tratar el tema del conci-

---

62   Spillmann, C. (2018). Condena y excomunión de Benedicto XIII por el Concilio de Constanza 1414-1418. En Simó Castillo, J. B. (Coord.). (2018). *Op. cit.*, p. 19.

lio. Será una fecha importante, ya que supondrá el máximo esplendor del gobierno benedictino. Fernando recibió con solemnidad a Benedicto el 18 de julio, en una clara muestra de respeto y apoyo a su papado. Estaban hospedados respectivamente en el castillo y en el convento de San Francisco. El encuentro entre ambos dirigentes se prolongó durante cincuenta días. En este espacio de tiempo, ambos se dispensaron un trato digno, sin imposiciones mutuas. Banquetes, celebraciones eucarísticas conjuntas, recepciones conjuntas y la puesta en valor de Morella como piedra angular de la diplomacia real y pontificia.

Esta ciudad medieval se volvió el centro de las miradas de toda Europa, pendientes de la renuncia o no de Benedicto. El aragonés se mostró proclive a caminar hacia la unidad de la Iglesia, para lo que celebró solemne misa pontifical, con asistencia del rey. El ambiente de gran acontecimiento se vivió en la plaza valenciana hasta el punto de promulgar Benedicto una bula por la que invitaba a la cristiandad a orar por su figura. El evento sirvió para desafiar y fortalecerse frente al Concilio de Constanza. Su dignidad papal la expresó ante el mismo rey de la corona de Aragón, como dos iguales.

Intermedió en el encuentro el hasta ese momento fiel amigo de Benedicto, san Vicente Ferrer, quien poco a poco fue aproximándose a las tesis conciliares o, más bien, a las políticas que interesaban al rey de Aragón. Los tres intercambiaron horas de debate en el convento de San Francisco, sin que las posiciones variasen mucho.

Todo fue en vano. Las conversaciones, en las que tanto el rey como el emperador tenían la esperanza de cesión de Benedicto XIII, no lograron mover la posición del papa. Lo más que se produjo fue la dilatación de su respuesta a la conferencia de Perpiñán.

La política internacional de la Corona se impuso a la alianza inquebrantable entre Fernando de Antequera y Benedicto XIII. En algún momento del mes y medio de estancia en Morella, el papa barruntó la posibilidad de tornar a las armas. Podía aprovechar el nuevo contexto generado en Sicilia y Nápoles para lanzarse a la guerra, como en otras ocasiones había hecho el papado. La política aragonesa en Italia podría, de esta forma, ser instrumentalizada por el aragonés, en espera de que Sicilia allanase el camino hacia Roma. (...) Por la cabeza del Papa Luna llegó a planificarse un nuevo intento de asalto sobre Roma, «como puede confirmarse todavía en la primavera de 1415 (...) con la decisión de de Benedicto XIII de disponer en préstamo de cuatro galeras barcelonesas, seguras y bien pertrechadas, para la causa de la unión».[63] El papa guerrero, el que siempre estuvo presente a lo largo de su vida, afilaba de nuevo sus garras.

La estrategia militar de Benedicto en este envite debía superar los problemas que tuvo en su primer intento de asalto a la Ciudad Eterna: la financiación. Esta circunstancia lo empujó a recaudar fondos para la campaña, que en el peor de los casos se convertiría en una misión diplomática reforzada por los hombres que ya disponía el papa sobre suelo italiano, como Jorge de Ornos y Diego Navarro.

La financiación del papado por parte de la Corona había sido un tema de discusión en algunas ocasiones. Basta recordar las palabras de Martín el Humano, en 1405, a modo de advertencia sobre el gasto que soportaba. Y ello a pesar de la amistad que le unía a Benedicto XIII. «El rey se postulaba en contra de una fiscalidad —la papal— que consideraba excesiva, al menos en comparación con la forma de actuar de anteriores pontífices, toda vez que se erigía en defensor del clero de sus reinos...».[64]

Pero, al final, el dinero llegó, en parte por el conglomerado internacional de apoyo a Benedicto. Fue el caso de Castilla, que seguía dentro de la obediencia a Bene-

---

63   Cuella Esteban, O. *Op. cit.*, p. 10.
64   Morelló Baget, J. (2012). Las relaciones monarquía papado en la etapa final del Gran Cisma y la sucesión de dos modelos distintos de transferencia fiscal en la corona de Aragón. En Sesma Muñoz, J. A. (Coord.). *La Corona de Aragón en el centro de su historia, 1208-1458. El Interregno y el Compromiso de Caspe.* Grupo CEMA, p. 2.

dicto XIII y que puso sobre la mesa 20 000 francos de oro. La aportación más elevada, como no podía ser menos, vino de parte de Aragón, que dispuso un crédito de 40 000 florines, avalándolo con las rentas de algunas diócesis vacantes. Todo parecía encajar en los planes del pontífice, que vivía la plenitud de su mandato y que acariciaba con la punta de los dedos poner fin al Cisma a través de su persona.

Las armas, por sí solas, no lograrían los objetivos previstos. Por esta razón, el pontífice desarrolló todo un cuerpo diplomático de legados y representantes que desplegaran la actividad política necesaria, sobre todo en Roma, para consolidar y explotar la supuesta victoria militar. Entre las personas que componían el cuerpo diplomático del papa se encontraban: «Rodrigo y Álvaro de Luna, sobrinos del pontífice; Francisco Clemente, arzobispo de Zaragoza; Domingo Ram, obispo de Lérida; Juan, obispo de Segorbe y de Santa María de Albarracín; Julián de Loba y Ximeno Dahe, clérigos de la Cámara Apostólica; Fernando Pérez, deán de Tarazona; Hugo de Urriés, deán de Jaca; Pedro Gallego, arcediano oscense de Las Valles; Francisco de Tovía, prior de Santa María de Daroca; Juan de Salanova, doncel cesaraugustano; y los comendadores Benedicto de Mora, Guillén R. Alamán de Cervillón, Gonzalo de Funes, Romeo de Corbera, Bernino Morties, Miguel Mercer e Íñigo de Alfaro».[65]

A la vez, Benedicto XIII, que a finales de 1414 se encontraba en Valencia, se mantenía atento a la marcha del concilio. La huida de Juan XXIII al año siguiente podía interpretarse como un acto de deslegitimación, pero, casualmente, esto permitió que Segismundo depusiera al papa pisano y forzase al romano a presentar su abdicación.

Logrado en la reunión de Morella el solo compromiso de Benedicto a una futura reunión en Perpiñán, hacia esa segunda etapa de la negociación se encaminaron las partes con la intención de que fuera definitiva.

---

65   Cuella Esteban, O. *Op. cit.*, p. 11.

Aunque el papa se había preparado concienzudamente la comparecencia, fundamentando sus argumentos en la base del derecho canónico, la realidad es que los acontecimientos jugaban en su contra. Y, al parecer, nuestro protagonista era consciente de ello, sobre todo tras la abdicación de su homólogo romano.

El encuentro entre Benedicto y el emperador Segismundo se dio a mediados de septiembre. Ambas partes llegaron dispuestas a no ceder en sus pretensiones, sobre todo —pese a lo que ha llegado hasta nuestros días— por parte del emperador. Benedicto esgrimió diversas argumentaciones y también soluciones para concluir el conflicto, pero ninguna fue aceptada.

«En la famosa reunión, el Papa Luna insistió en seguir la vía del derecho, que abogaba por establecer jurídicamente quién era el verdadero papa. Y cuando el emperador argumentó que desde la irrupción del Cisma en 1378 prácticamente no había ningún pontífice legítimo, el aragonés dio una respuesta lógica: que tampoco existía desde entonces ningún cardenal nombrado legítimamente, excepto él, que había alcanzado la púrpura antes de 1378, por lo que, en consecuencia le correspondía el derecho único de elección papal y se mostraba dispuesto a abdicar si se le reconocía dicho derecho, al tiempo que prometía elegir una persona íntegra y que no sería él, insistiendo en que solo él tenía la última palabra sobre la cabeza de la Iglesia».[66]

Las posiciones eran, como decíamos, irreconciliables. Fue el punto de no retorno. A pesar de la legitimación de su razonamiento, los objetivos políticos del emperador prevalecieron en Perpiñán, condenando el destino de Benedicto XIII. Tras el encuentro, Segismundo empezó a preparar el camino de la deposición, mientras Benedicto se resignaba ante los hechos. Comenzaba el declive internacional del papa, quien abandonó Perpiñán el 1 de diciembre y embarcó en Colliure hacia Peñíscola.

---

66   Navarro Sorní, M. (2018). *Op. cit.*, p. 16.

La cascada de traiciones personales estaba a punto de iniciarse. Las dos primeras, las de Fernando de Antequera y san Vicente Ferrer, serían las más dolorosas para el aragonés. El rey y el emperador organizaron la capitulación en Narbona. Esta debía tener un componente simbólico, por lo que fue planeada al detalle, hasta el punto de enmarcarla en una de las principales festividades cristianas: el día de Reyes. Por si esto no fuera bastante humillante, el encargado de hacer el anuncio sería san Vicente Ferrer. El 6 enero de 1416, festividad de Reyes, era promulgada en Perpiñán la substracción de obediencia para Aragón; lo proclamaba el mismo confesor papal, Vicente Ferrer.

Ironías del destino, que para eso suele ser muy oportuno, los reinos peninsulares se configuraron en Constanza como un bloque, de forma que participaron unidos, desde octubre, en el proceso contra Benedicto XIII. Era la nación hispana que había defendido el Papa Luna la que aceptaba el 26 de julio de 1417, en la vigésimo séptima sesión conciliar, su condena como «contumaz, perjuro, hereje y cismático». Quien más había hecho por la unidad peninsular lograba dar un paso trascendental en ese camino... cohesionando en su contra a todos los reinos.

Poco después, el 11 de noviembre de 1417, la Iglesia elegía a Odón Colonna, cardenal de la obediencia romana, como papa, aunque, sin la renuncia de Benedicto XIII, el Cisma seguía vigente y Martín V, ególatra feroz, tenía un gran enemigo al que aniquilar.

El Papa Luna disfrutaría todavía, no obstante, del apoyo fiel de potentes focos benedictistas en Castilla y Aragón, además del de personas y cargos individuales que lo habían servido en su papado. También le fueron fieles las amistades y los familiares de mayor confianza, como sus sobrinos Rodrigo y Álvaro de Luna. Del primero ya hemos hablado largo y tendido. Merece la pena también hacer una pequeña semblanza del segundo.

Álvaro de Luna fue integrado en de la orden de San Juan del Hospital con la encomienda de Castellote. Su periplo comenzaba como lo hacía en la mayor parte de la familia: al servicio de las armas. Esta circunstancia sería la que lo llevaría derecho al entorno de su tío, a quien acaba sirviendo en Peñíscola como capitán de guarnición. Antes de consolidar este puesto, Álvaro hizo méritos para convencer a su tío. Asumió el encargo de comandar una embarcación y un modesto ejército para liberar a algunos fieles que habían quedado atrapados en Aviñón unos años antes. La prueba parece que fue aprobada con creces por el aspirante. Sin embargo, destaquemos en este hecho puntual el uso, una vez más, de las armas por parte del papa aragonés como medio para lograr su propósito. El papa siempre guerrero.

Además de sus sobrinos, también fueron fieles a Benedicto el dominico Aviñón Nicolai, Domingo Ram, Dalmau de Mur, Francisco de Tovía, Otón de Moncada, Francisco Climent o Andrés Bertrán, entre otros.[67] Y, sobre todos ellos, la figura más activista, su mano derecha en los últimos años de retiro, el francés Carrier, que representaba también la alianza del conde de Armagnac y gran parte del sur de Francia.

Pese a los apoyos internos y al respeto del monarca, el papado de Peñíscola irá languideciendo poco a poco. En 1418, diversos documentos reflejan una reducción del servicio de la casa pontificia. También iría desapareciendo la institución de la curia romana, ya que había caído casi en desuso el trabajo diario de la Cancillería. Incluso se vieron reducidos los ingresos que provenían de rentas de órdenes y monasterios, convertidos ya a la doctrina de Constanza y a Martín V. El Papa Luna empezó a reducir notablemente la actividad política y se limitó a hacer llamadas a la fidelidad y a repartir excomunión a los disidentes. Esta constricción de la estructura pontificia permitió también reducir gastos: así se compensaron los ingresos menguantes, que cada vez

---

67   Cuella Esteban, O. *Op. cit.*, p. 13.

costaba más hacer llegar hasta Peñíscola. Ambos procesos permitieron mantener la fortaleza sin grandes dificultades, lo que vendría a poner en cuarentena la idea de que tuvo que vender todo lo que lo rodeaba para poder subsistir.

En el bando del pontífice romano, las cosas no parecían tampoco estar claras. Las medidas tomadas tanto por Martín V como por el emperador Segismundo no acababan de cuajar dentro de la Iglesia. Las dudas sobre el Concilio de Constanza comenzaron a extenderse en el sentido que había seguido Benedicto. Las mismas reservas que han logrado sobrevivir al tiempo y llegar hasta nuestros días.

El doctor Eugenio Ull i Pont, catedrático de Derecho Constitucional, asegura que «conforme al derecho canónico de la época, el Concilio de Constanza fue nulo, por la exigencia de que solo el papa legítimo podía convocarlo y ninguno de los convocantes lo fue. Ni Juan XXIII ni Gregorio XII».[68] Razones que, como indicábamos anteriormente, no fueron suficientes para sostener el reconocimiento del pontífice aragonés.

El goteo de deserciones peñiscolanas continuó, con todo, durante algún tiempo, a la vez que se producían nombramientos y reubicaciones de los cargos designados por Benedicto. Esto último ahondó en la soledad del pontífice, que recibía unos días noticias positivas de apoyos y otros tristes confirmaciones de abandonos de antiguos amigos, que además le pedían renunciar al papado. Todo ello hizo mella en la situación anímica de Pedro Martínez de Luna, que se conservaba vivo a pesar de la avanzada edad.

La coyuntura eclesiástica y política, confusa, dividida, llena de vaivenes y casi siempre al servicio de los monarcas, se puso de relieve con la traición de sus últimos cardenales. El 27 de diciembre de 1417, el rey Alfonso el Magnánimo volvía a intentar la renuncia del papa por medio de varios prelados y abades que se habían desplazado hasta Beni-

---

68 Ull i Pont, E. (2018). La legitimidad de Roma pasa por Peñíscola: ¿Constanza hace ilegítima la actual sucesión papal? En Simó Castillo, J. B. (Coord.). (2018). *Op. cit.*, p. 126.

carló. En nombre de estos últimos, el arzobispo de Tarragona «pide al pontífice que, renunciando a su derecho al papado, se digne indicar el modo y orden con los que los cardenales puedan nombrar como papa al que recientemente ha sido elegido ya en Constanza, advirtiéndole que de la dilación de su respuesta y, mucho más, de su negativa surgiría escándalo y perjuicio para la fe con grave daño para la unidad de la Iglesia»[69].

El 5 de enero de 1418, de nuevo en la víspera de la Epifanía, sus últimos cardenales llevaron a efecto la teatralización de su traición en la villa de Castellón. Carlos de Urriés, Alfonso de Carrillo, Pedro Fonseca y Juan de Murillo hicieron públicamente un reconocimiento del papa romano Martín V. Automáticamente, Benedicto los excomulgaba.

Con las desafecciones de sus últimos colaboradores, el camino para el cierre del concilio de Constanza quedaba allanado. Este aconteció el 22 de abril de 1418. Pero no por ello se cerró el Cisma y, mucho menos, se apagó la intensa personalidad irradiada por Benedicto XIII. Por algo el nuevo papa, Martín V, siguió obsesionado con él hasta el punto de que obsequiaría al mundo una de esas tragicomedias propias de la Italia tradicional.

El papa romano era consciente de que, sin la desaparición del pontífice de Peñíscola, el Cisma seguía vigente y, por tanto, no podía proclamarse como unificador de la Iglesia. Fue ahí cuando designó legados para Castilla y Aragón a los cardenales Pedro Fonseca y Alamán Adimari y este último llegó a la península a través del puerto de Barcelona para desplazarse después a Zaragoza, el siete de mayo. Como recoge Ovidio Cuella, al domingo siguiente, en un intento de humillar públicamente a la figura de Pedro Martínez de Luna, celebró en la Seo misa pontifical y «una procesión con séquito canonical y de autoridades, las cuales volvieron a acompañarle por la tarde en un paseo que, montado, a caballo, realizó por la ciudad».

---

69   Cuella Esteban, O. *Op. cit.*, p. 14.

Quince días después, sin consentimiento del rey, publicó en Tortosa la sentencia conciliar condenatoria de Benedicto XIII. Nuevamente, don Pedro se negó a renunciar a su cargo, lo que multiplicó la ira de Adimari, y fue también aquí cuando el italiano, sintiéndose impotente y con el beneplácito previo del papa Martín V, se dispuso entonces a envenenar a Benedicto para acabar con su vida.

El intento de asesinato, como hemos visto con anterioridad, fracasó. El cardenal emprendió la huida en barco desde Barcelona a Roma. Estos hechos, que levantaron un gran revuelo y escándalo en todo el reino, llevaron al rey Alfonso y a la reina María a reafirmar su protección sobre Benedicto, al que se ratificó su derecho a residir en el castillo de Peñíscola y a mantener sus rentas y estructura. A partir de ese momento, el pontificado peñiscolano se tornó un instrumento del rey para su política sobre Nápoles y Roma.

De igual modo que los monarcas protegieron a la persona y en menor medida al papa, también es cierto que, tras la publicación de la sentencia en mayo de 1418, «se obligó a todos los obispos a aceptarla bajo pena de perder su cargo. De modo que le fueron abandonando paulatinamente».[70]

Ya retirado en su castillo de Peñíscola, los últimos años de vida los dedicó Benedicto, además de a la defensa de su causa, a reflexionar sobre su obra y sobre la espiritualidad del hombre. Retomó su afición por las letras y escribió el *Libro de las consolaciones de la vida humana*. Resolvió pausar definitivamente el frenesí político con el que había obrado y quedarse en su entorno papal. «Si pudo permanecer hasta su muerte en Peñíscola fue porque Alfonso el Magnánimo lo utilizó como un instrumento para forzar a Martín V a concederle gracias eclesiásticas y recompensas económicas».

Hubo también tiempo, como no podía ser de otra manera, para preparar testamento, tanto el patrimonial como el eclesial. La herencia materna ocupará sus pensamientos en lo familiar. Sus ingresos particulares se convirtieron en

---

70   Navarro Sorní, M. (2018). *Op. cit.*, p. 18.

parte fundamental de su sostenimiento, ya que las rentas habían disminuido con la pérdida de prebendas como el arcedianato de Calatayud. «Al convertirse, por tanto, sus bienes patrimoniales en la garantía económica para su subsistencia, era obligado dejarlos a buen recaudo, como así lo hizo nombrando para su administración a un natural de la tierra, el munebrecense Julián de Loba, el cual, además de la fidelidad en el servicio, aportaba conocimiento del lugar y experiencia en la administración hasta el punto de regir en ese momento la Cámara Apostólica»[71].

Parte de su herencia sería también la propia situación cismática que sostenía su pontificado. La cercanía del más allá lo condujo a preparar a conciencia la continuidad de su papado, trabajo al que se pone manos a la obra a partir de septiembre de 1422. Para garantizarse la continuidad de su lucha, que creía justa, el 27 de noviembre nombra nuevos cardenales, con lo que se aseguraba la existencia de un colegio cardenalicio que pudiera nombrar sucesor. El colegio estará formado por «Julián de Loba, clérigo de la Cámara Apostólica y regente de la misma; Ximeno Dahe, auditor de la Cámara y regente la Penitenciaría; Domingo de Bonnefoi, prior de la cartuja de Santa María de Montalegre; y Juan Carrier, arcediano de San Antonino en la iglesia de Rodez». Otorgó la basílica de los Doce Apóstoles y de San Lorenzo, en Lucina, a los españoles De Loba y Dahe; y los títulos de San Pedro ad Vincula y San Esteban, en Montecelio, a los franceses Bonnefoi y Carrier, en la bula que cerraba toda su documentación generada como pontífice.

El día 23 de mayo de 1423, la azarosa vida de Benedicto llegaba a su fin, tal y como recogió el cronista Martín de Alpartil. Se activa en ese instante la liturgia de la sucesión. Los cardenales que aún estaban presentes en Peñíscola nombraron como sucesor de Benedicto XIII al turolense Gil Sánchez Muñoz, quien toma el nombre de Clemente VIII. El Cisma, para disgusto de Martín V, se prolongará hasta

---

71   Cuella Esteban, O. *Op. cit.*, p. 16.

julio de 1429, cuando Alfonso el Magnánimo obliga a Clemente a abdicar. Desde el deceso de nuestro protagonista hasta la abdicación de Clemente VIII, el papado de Peñíscola se transformó, de forma descarada, en un arma para someter Nápoles al mando de Alfonso.

El cadáver incorrupto del Papa Luna permanecería en el castillo aun casi un año. Fue su sobrino Rodrigo de Luna quien, en 1430, trasladó los restos al castillo de Illueca, propiedad de los Luna. En el mismo lugar que lo vio nacer descansaría, admirado y venerado por sus vecinos, al menos hasta el siglo XIX.

A la vista de los hechos, pudiera parecer que Benedicto XIII fue languideciendo poco a poco, derrotado por Roma, hasta su fallecimiento. Sin embargo, si analizamos el desarrollo de los acontecimientos, comprobamos cómo esta percepción de derrota y de abandono por parte de sus seguidores solo se produjo en los últimos años de mandato. Apenas cuatro años antes de que comenzase la enfermedad que lo llevó a la tumba, el Papa Luna, con 89, peleaba aún por defender su posición, sin que el Concilio de Constanza hubiera logrado acabar del todo con él.

El golpe de 1418 ahondará, eso sí —ya se ha apuntado—, en su ánimo, y solo por lo avanzado de su edad y el deterioro de salud cederá ese ímpetu que lo había caracterizado. Hay que recordar que fue una pieza importante para la reina María, en su proyección hacia el conjunto peninsular, y para el rey Alfonso, en su disputa por Nápoles. Así lo ratifican tras el intento de envenenamiento y así se constata con su aprobación, *de facto*, de la sucesión de Benedicto XIII en la figura de Clemente VIII.

Ni su archienemigo, el papa Martín V, ni el emperador Segismundo ni el rey de Francia descansaron tranquilos mientras vivió. Tampoco lo hicieron tras su muerte, lo que los llevó a negociar intensamente con Alfonso una capitulación de Clemente VIII en la que el gran beneficiado fue el rey aragonés.

En todas y cada una de las poblaciones del reino de Valencia y la corona de Aragón resonaba el nombre del Papa Luna, que se había convertido en una figura popular y había adquirido un cierto aire de eternidad dados su afán permanente y su longevidad..

V. DESPUÉS DE LA GUERRA

MUERTE

Los hechos que rodearon la muerte de Benedicto XIII fueron tan novelescos como gran parte de su vida. Un hombre con la trayectoria vital desarrollada a ese nivel de intensidad desbordante no podía despedirse de este mundo sin dejar su propia impronta. Un eco tan fuerte que aún hoy resuenan como noticia de actualidad sus restos mortales, aunque eso lo veremos más adelante.

A sus 94 años, el Papa Luna fallecía en el castillo de Peñíscola el 23 de mayo de 1423. Era la muerte de un cuerpo anciano, que había sobrevivido a sus enemigos y que estuvo a punto de alcanzar el siglo de vida. No obstante, la noticia se mantendría en silencio mientras sus cardenales preparaban políticamente el terreno para la sucesión.

La tradición pontificia marcaba un breve tiempo de tránsito entre uno y otro papa y permitía una especie de saqueo de los bienes del fallecido por parte del pueblo y de sus colaboradores más íntimos. Así había sido durante décadas en Roma y así continuaba en otras sedes papales. Aunque los dantescos saqueos, que alcanzaban proporciones casi de revuelta en la Ciudad Eterna, no se repetían con la misma intensidad en Aviñón, también es cierto que no era de extrañar el reparto de bienes entre los más íntimos colaboradores. Eso es lo que ocurrió también en Peñíscola.

Mientras unos preparaban el cónclave que debía elegir al sucesor de Benedicto XIII, otros recogían y repartían el austero tesoro del pontífice. El mejor parado, según los cronistas, fue el cardenal Bonnefoi, que despareció al poco tiempo con parte del tesoro.

Cuando gestiones y sustracciones hubieron terminado, se llevó a cabo el anuncio oficial del óbito y el posterior entierro de Benedicto XIII en el propio castillo.

Durante unos años permaneció el cuerpo incorrupto del papa en la capilla del castillo de Peñíscola. Las propiedades climáticas de aquella roca porosa que servía de base al castillo, unidas a la brisa salina del Mediterráneo y a la delgadez extrema de un cuerpo con 94 años, hicieron que el Papa Luna se conservase casi momificado. Lo más probable, según médicos especialistas, es que el cuerpo se deshidratara rápidamente debido a la alta temperatura del mes de mayo, lo que habría provocado que las enzimas no pudiesen comenzar a trabajar en la putrefacción y dieran lugar a la momificación. Sus partidarios, en lugar de aprovechar la ocasión para explotar la santificación de Benedicto y reforzar el apoyo divino a su causa, preservaron escondido el cadáver, con lo que la noticia no se propagó con la intensidad y velocidad que se hubiera dado en otras ocasiones.

El caso es que el cuerpo incorrupto fue sepultado con honores papales en el mismo castillo, como indicábamos. Y allí permaneció todavía algún tiempo, como testigo del aún no concluido Cisma de Occidente. Sin embargo, tras la abdicación de Clemente VIII, en julio de 1429, el universo tejido por el Papa Luna empieza a disolverse. Sin un elemento común que aglutinase a sus seguidores, estos comenzaron a andar en distintos sentidos. Constatada esta realidad, es cuando su sobrino, el capitán don Rodrigo de Luna, plantea el traslado de los restos de Benedicto XIII a su ciudad natal, Illueca.

En esta pequeña población, la familia Luna disponía de un castillo-palacio muy al estilo del de Peñíscola o del de Aviñón, con todas las comodidades interiores para vivir y el diseño exterior óptimo para convertirse en un fortín defensivo. Ese fue el destino elegido para que reposasen finalmente los restos de Benedicto XIII.

Don Rodrigo había pedido al rey de Aragón, Alfonso el Magnánimo, en su nombre y en el de los familiares, la entrega del cadáver. A ello accedió el monarca de forma grata e inmediatamente se procedió a los preparativos para la exhumación. Resulta curioso advertir cómo ese momento fue acogido por los vecinos de Peñíscola como un día festivo y de homenaje al papa, tal y como revelan los cronistas de la época.

El día elegido fue el 9 de abril de 1430, festividad del Jueves Santo. Del recuerdo amable de su estancia en la ciudad, a la que ensalzó como sede papal, da fe la sensación colectiva que, según narran las crónicas, experimentaron los vecinos al notar la agradable fragancia que se esparcía por la capilla y el castillo al hacer su aparición la momia de don Pedro de Luna.

Dejemos que la literatura devota y casi periodística de Rafael Condill (aprovechemos también este libro para realizar un reconocimiento a la labor divulgativa de este autor sobre el Papa Luna) sea la que nos lleve hasta ese instante en el que, entre solemnidad y admiración, el cuerpo de Benedicto XIII fue trasladado desde Peñíscola a Illueca:

«Todos espectantes, miraban por última vez al que había sido su guía, con aquella inmóvil delgadez tan caracterizada que siempre tuvo, y el rostro sereno, pálido y solemne del que pasó la frontera de la otra vida con la conciencia tranquila del deber cumplido.

»… Y comenzó el cortejo funeral de modo impresionante. El retorno a su lugar de origen, tan adorado siempre él, testigo de sus correrías de niños, o de sus iniciaciones de soldado, de sus primeros estudios, rodeado de ternura familiar. Todo Peñíscola presenció la salida, lo despidió para siempre, conmovida, llorando sus sencillas al que fuera Benedicto XIII. Portando la muchedumbre antorchas encendidas, la comitiva cruzó el Maestrazgo castellonense, adentrándose por ciudades y lugares de Teruel y Zaragoza, camino de Illueca —una de las más hermosas, nobles e importantes Villas del Reino de Aragón—, y al paso de aquella emocionada procesión salían gentes de toda condición social, los que ostentaban títulos nobiliarios o labriegos que cultivaban sus campos y se agregaban a la multitud (...), pasaban ante los humildes templos pueblerinos o frente a las catedrales o colegiatas del recorrido, con el arcón del anciano Pontífice embalsamado, haciendo un alto en el camino para descansar de las fatigas del viaje. Tras algunas horas de descanso, de nuevo se ponía en marcha la comitiva y, nuevamente, de todas las poblaciones salían personas que se incorporaban al cortejo funerario, puesto que deseaban seguir hasta el fin del viaje a don Pedro de Luna».[72]

Es llamativo que el lugar de reposo definitivo de los restos del Papa Luna fuera la pequeña Illueca. Aunque fuera el lugar natalicio del pontífice, representó también como nadie la expansión del apellido familiar por toda la península. Esta circunstancia podría haber determinado que se estableciera el mausoleo en la localidad de Luna, de pasado templario. Pero la familia se desentendió de los restos y tan solo su fiel sobrino Rodrigo prestó la devoción esperada, lo que conllevó que la población que lo vio nacer, donde eran propietarios del palacio-fortaleza, fuese el destino último de sus restos.

«Un atardecer, la enorme comitiva divisó, allá a lo lejos, la impresionante figura, torres y galerías arqueadas del alcázar de los Luna, soberbio y monumental castillo-palacio que coronaba gallardamente todos los edificios del pueblo del río Aranda. Al entrar en Illueca, poseídos todos de inmensa y silenciosa emoción, juntáronse la devota peregrinación que

72   Condill, R. (27 de agosto de 2009). 0002 - Historia y leyendas del Papa Luna (2ª parte). *El último Condill* [blog]. www.rafaelcondill.blogspot. com/2014/01/0001-historia-y-leyendas-del-papa-luna.html.

entraba con los restos mortales de Benedicto XIII —al que tantos tenían por santo— y la totalidad de illuecanos que esperaban al mejor, al más ilustre, querido y famoso de sus hijos, que llegaba al pueblo donde naciera, a su alcázar señorial y majestuoso, en busca de refugio y descanso eterno.

»En espléndida y valiosísima urna de cristal colocaron la momia del Pontífice, en la cámara donde viniera al mundo aquella preciosa vida dedicada a la Iglesia. Transformada la alcoba en amplio oratorio, frente a una patética y doliente imagen de Jesús en gran tamaño que presidía el emotivo altar, allí estuvo años y años, iluminada la solemne estancia por una lámpara mortuoria que alumbraba noche y día. En la puerta de la capilla fueron grabadas las armas de don Pedro de Luna, con la tiara de San Silvestre...».

Desde la llegada de los restos del Papa Luna a Illueca, su cuerpo fue venerado por vecinos de la población y más allá de la región. Se extendió un culto similar a lo que ocurre con los santos, lo cual propició que las noticias llegasen hasta Roma. Como era de esperar, el papa Martín V reaccionó de forma airada y con evidentes celos de quien había sido su enemigo más importante. No es de extrañar este tipo de comportamiento devoto. La admiración por Benedicto XIII ha trascendido el tiempo y lo ha revelado como una persona venerada hasta nuestros días. En todas aquellas poblaciones por donde dejó huella existen imágenes estampadas y oraciones de los vecinos para solicitarle prebendas al papa. Se lo trata como a un santo, aunque los fieles sean conscientes de que no lo es. Si la devoción se ha mantenido seiscientos años después, imagínense ustedes el fervor que podría existir en el siglo XV.

Este entusiasmo alrededor de los restos de Benedicto XIII derivó en uno de esos episodios que navega entre la realidad y la leyenda popular. Parece ser que Roma, ya bien entrado el siglo XVI, envió un legado a la corona de Aragón para comprobar si los hechos eran constitutivos de delito eclesiástico, pues se veneraba el cadáver de Benedicto XIII como una reliquia, como si hubiera alcanzado la santidad.

Algo muy similar a lo que sucede hoy día. El elegido fue un prelado de Milán, Juan Porro.

El milanés, que se encontraba visitando catedrales aragonesas, recabó información sobre lo que ocurría con el célebre Papa Luna. Los comentarios lo llevaron hasta Illueca para comprobar de primera la mano lo que había oído sobre el pontífice.

En efecto, al igual que hoy, los vecinos rezaban, oraban y hacían peticiones ante los restos del pontífice. Durante los días que permaneció en la población, el prelado pudo confirmar todos los extremos del fervor popular. Según la tradición, este hecho enojó al religioso, que se dirigió a la estancia donde se encontraba el cuerpo de Benedicto y destrozó con su cayado los cristales de la urna en la que reposaba.

Figúrense la reacción de la población al enterarse de los hechos. Un extranjero había atacado a la persona que más veneraban desde hacía casi un siglo. La profanación de la momia llevó a los vecinos a buscar venganza, pero el italiano ya había huido de allí durante la noche. Italianos, siempre escondiendo la mano. La ausencia del prelado no calmó los ánimos, cuyo alboroto llegó a oídos del arzobispo de Zaragoza. Este, en lugar de dar la razón a los vecinos, se alineó con las tesis de Roma y terminó por clausurar la estancia-oratorio del castillo-palacio.

Este breve relato, posiblemente con mucho porcentaje de veracidad, trató de explicar el cierre de la capilla y el lento olvido de la memoria del Papa Luna. Su gallardía frente a Roma se fue difuminando poco a poco hasta la guerra de sucesión española.

Nada más arrancar el siglo XVIII estallaba en España un conflicto por la sucesión de la Corona que embarcó a todo el continente europeo en un enfrentamiento global, predecesor de lo que vendría más adelante. A partir de 1701 y hasta 1713, los partidarios de la dinastía Borbón se enfrentarían sin cuartel a los de la dinastía Habsburgo.

En esta guerra, que tuvo mucho de civil, los descendientes de la familia Luna se mostraron a favor de los Habsburgo, es decir, del bando que a la larga sería derrotado. Illueca, con los Luna al mando, tomó partido activo e hizo del castillo-palacio una fortaleza contra las tropas que luchaban por Felipe V, Borbón. La mayoría de aquellos soldados eran franceses, poco respetuosos siempre con lo ajeno, como bien pusieron de manifiesto un siglo más tarde durante la guerra de la Independencia.

Una vez vencida la resistencia, las tropas entraron a la ciudad y asaltaron el palacio. Los soldados se dedicaron a saquear todo a su paso, como era habitual tras la victoria. Al penetrar en la cámara mortuoria, destrozaron el cadáver del Papa Luna, separando la cabeza del resto del cuerpo. Después, lanzaron por el hueco de un antiguo ventanal todos los restos.

Cuando las aguas se calmaron y el ejército se retiró, unos labradores que habían sido testigos de los hechos se pusieron manos a la obra para encontrar el cráneo del pontífice y devolvérselo a la ciudad de Illueca, a través de los señores de Luna, claro está.

En este punto dio comienzo una nueva historia protagonizada por los restos del Papa Luna. Un relato aún más rocambolesco que ha sido capaz de traer el recuerdo de Benedicto XIII hasta nuestros días.

Bebía oro

La relación de Benedicto XIII con la salud es un aspecto que, gracias a la tisana, ha sido tratado en numerosas ocasiones. La intelectualidad del pontífice le hizo tener una mente abierta a todo tipo de saberes, entre los que se encontraba también la medicina. Unos estudios que se cursaban en el ámbito universitario y que, como no podía ser de otra forma, guiaron la mirada del papa aragonés hasta Montpellier.

De allá salió, o al menos fue también docente, el mallorquín Francisco Ribalta, que se convirtió en médico personal de don Pedro Martínez de Luna durante su papado en

Aviñón. Los pontífices solían disponer del trabajo en exclusiva de uno o varios médicos, a los que pagaban un sueldo nada despreciable. Sea como fuere, Ribalta dejó de estar al servicio del aragonés, al menos durante unos años, ya que parece ser que vuelven a tener algún tipo de contacto una vez instalada la sede papal en Peñíscola.

La preocupación de Benedicto por la salud como ciencia la arrastró durante toda su vida. No es extraño que en la Facultad de Medicina de la Universidad de Montpellier podamos leer hoy día, en una placa de mármol, su nombre junto al de otros muchos a los que se honra por ser benefactores de la medicina entre 1180 y 1767.

La célebre biblioteca papal, una vez instalada en Peñíscola, tuvo una sección dedicada a la medicina. Además, se disponía en el palacio de medicamentos almacenados, lo que posibilitó que allí elaborasen numerosos brebajes.

Uno de los personajes más influyentes en el mundo de la salud en la corona de Aragón fue el médico Arnau de Vilanova. También aragonés, se asentó en el siglo XIII en el reino de Valencia, donde pasó a denominarsele «médico de reyes y curas». Un personaje al que no habría que perder de vista. Demos, siquiera, tres aspectos reseñables por los que unirlo al pensamiento de Pedro Martínez de Luna: estudió Medicina en Montpellier, participó en la causa templaria y defendió a la corte de Aviñón desde la corona de Aragón.

Precisamente serían los trabajos de Arnau de Vilanova los que servirían de base para la preparación del gran brebaje benedictino: la tisana del Papa Luna. Una fórmula a base de semillas de coriandro, alcarabea, hinojo, regaliz, anís, canela, comino y azúcar, según las investigaciones de Juan Bautista Simó.

En cualquier caso, la presencia del médico personal del pontífice, el judío converso Jerónimo de Santa Fe, daba suficientes garantías de profesionalidad en el campo de la medicina. Jerónimo, con relación de parentesco con Benedicto XIII, se encargó también de cuestiones de fe, aunque sus mayores logros vinieron determinados por la salud, cuyos estudios derivaban a su vez del referido Arnau de Vilanova, siempre presente.

En este entorno peñiscolano tan preocupado por la medicina, se ha descubierto recientemente que don Pedro ingería determinadas dosis de oro líquido que se creía que eran buenas para el tránsito intestinal y para los problemas más cotidianos de la edad. Hasta en este punto fue pionero Benedicto, ya que, un siglo más tarde, el consumo de oro líquido se convertiría en una moda en todo el continente europeo. Tal fue la fama de esta moda *medicinal* que el papa portugués Juan XXI, en 1578, escribió una receta para prolongar la juventud cuyo compuesto principal no era otro que la ingesta de oro.

En realidad, el consumo de este metal precioso se había llevado a cabo desde los antiguos egipcios. La moda se trasladó también a Roma, donde Plinio el Viejo se encargaría de promover su uso contra verrugas y úlceras. De ahí a los alquimistas medievales solo había un pequeño paso.

El convencimiento de Benedicto acerca de las propiedades medicinales del oro se pone de relieve por el hecho mismo de su uso para sí, a pesar de la austeridad en la que vivía y de la que gustaba rodearse. Los recientes estudios han detectado restos de este metal en los análisis efectuados sobre el cráneo, al margen de las referencias halladas en el propio castillo.

LA CALAVERA Y LAS FALTAS DE ORTOGRAFÍA

En abril del año 2000, cambio de siglo y de milenio, desaparecía de su lugar de reposo la calavera de Benedicto XIII. Un robo tan extraño como cómico hacía saltar a los medios de comunicación su deteriorado recuerdo.

Recapitulando rápidamente, el Papa Luna fallecía y era enterrado en 1423 en el castillo de Peñíscola, sus restos fueron trasladados a su Illueca natal al término del Cisma y, en el siglo XVIII, durante la guerra de sucesión, los soldados borbónicos profanaron la tumba, destrozaron la momia y arrojaron los restos por una ventana del palacio, y solo se salvaría el cráneo. Desde ese punto de partida, exploremos la insólita singladura de la famosa calavera. Un viaje que nos conducirá también a los conocer los vaivenes del apellido y la familia del papa aragonés a través de los tiempos.

En ese mismo siglo xviii en el que hemos dejado la pista de los restos pontificios, el matrimonio de la familia Luna con los Muñoz de Pamplona dio origen a una nueva rama. Ambas eran nobles y de raíces aragonesas. El poder de la nueva unión se trasladó a Sabiñán, donde eran propietarios de un antiguo palacio, propiedad «de los descendientes de los condes de Argillo y de Morata de Jalón, marqueses de Villaverde, señores de las baronías de Illueca y de Gotor».[73] Pues hasta esas latitudes llevaron consigo el cráneo del santo padre.

En la población de Sabiñán permanecería tranquilamente la calavera de don Pedro Martínez de Luna hasta que, en abril del primer año del nuevo milenio, desapareció o, más bien, la robaron. No crean ustedes que lo que quedaba de nuestro protagonista se veneraba de una forma especial. Quizás, más bien al contrario. Se mantenía por pura inercia familiar. Un pequeño estuche de madera era todo cuanto la protegía. Eso sí, al menos ocupaba un espacio en la capilla del palacio de los Condes de Argillo de Sabiñán (Zaragoza).

Casi como una expresión física de la memoria de Benedicto XIII, los restos del pontífice habían sido olvidados hasta por sus herederos. La memoria histórica sobre este personaje tan fundamental en la historia de España había quedado reducida a nombre ilustre en la turística Peñíscola. El paso del tiempo no fue capaz de sostener el fervor y la veneración iniciales del pueblo para con el personaje. Este abandono afectaba no solo a la calavera y su estuche, sino también al palacio en donde se encontraba depositada,

---

73   Casa Rural Iscola. (16 de mayo de 2014). Peñíscola e Illueca unidas por el Papa Luna. *Arte Rural.com* [blog]. https://arterural.com/noticias/peniscola-e-illueca-unidas-por-el-papa-luna/.

cuyas paredes amenazaban ruina, en particular la capilla que aún los alojaba. Lo que resulta más extraño no es que sustrajesen los restos óseos, sino que no lo hubieran hecho antes. No parecían importarles mucho aquellos vestigios del pasado a los propietarios, la familia Olazábal-Martínez Bordiú, marqueses de Villaverde.

El robo tardó un tiempo en saltar a los medios de comunicación, más allá de los periódicos locales. La noticia hubiese muerto con el tiempo y el paradero de los restos nunca habría sido encontrado, pero una nuevo giro de guion, tan rocambolesco como el robo, hizo que el Papa Luna saltase, ahora sí, a los titulares de ámbito nacional.

Tres meses después de la sustracción del cráneo, en julio del 2000, la historia del robo adquiría tintes berlanguianos. Una carta tan inaudita como real era enviada al alcalde de Illueca —nada que ver con Sabiñán—: reclamaba la autoría del robo. La tosquedad del escrito, lleno de groseras faltas de ortografía, hacía y aún hoy hace dudar de sus autores. En realidad, era anónima, aunque, para certificar que eran los verdaderos ladrones, adjuntaron un negativo fotográfico.

El texto exacto que contenía la carta era el siguiente:

«Ola señor Javier tengo en mi poder el craneo del papa Luna siquereis berlo rebelar la foto y la bereis ya me pondre en contazto con bosotros».[74]

Nada más. Tan silenciosamente como aparecieron, desaparecieron de nuevo las noticias. Eso sí: al menos, esta vez no hubo que esperar otros cuatro meses. Tan solo dos semanas más tarde, una persona que se hacía llamar Juan Antonio envió una segunda carta con una serie de peticiones que daban un rayo de esperanza para la recuperación de la reliquia. En esos momentos, el Papa Luna había recobrado ya la popularidad de la que gozó siglos atrás. Fue su punto de inflexión, el momento ridículo que le permitió volver a acaparar las miradas de antaño y reactivar estudios e investigaciones sobre su figura.

---

74 Guadalajara, S. (s.f.). El cráneo del Papa Luna. *José Guadalajara.com* [blog]. https://joseguadalajara.com/hp-el-craneo-del-papa-luna/.

Pero volvamos sobre los hechos. La segunda carta, tan grotesca y llena de faltas de ortografía como la primera, daba un poco más de información y exigía un rescate:

«... asi que esijo un miyon de pesetas que depositara en el parque que hay detras del campo de furbol del Carmen donde juega el ebro aki en Zaragoza no yame a la policia ni tampoco a antena3 pos se han burlado de mi forma de escribir le aviso que si veo policia el craneo ira a al rio y si no le interesa ya tengo un comprador de antiguedades que lo quiere».[75]

Como en las mejores cintas del valenciano Berlanga (por cierto, seguidor fiel de Blasco Ibañez, uno de los primeros autores en escribir sobre Benedicto XIII), las autoridades decidieron seguir el juego a los secuestradores. El alcalde recogió el guante y se presentó en el lugar señalado. Y también como en las películas americanas, varios agentes camuflados y un micrófono oculto en el protagonista servían de testigos del intercambio. Pero los autores de la carta no dieron señales de vida ni se presentaron.

Los ojos de toda España se volvieron sobre el castillo de Peñíscola, Aviñón, Illueca o la Iglesia y sus papas. El ridículo suceso había sido capaz de despertar el interés por todo aquello que rodeó al Papa Luna. Los periódicos regionales de Aragón, la Comunidad Valenciana y el sur de Francia siguieron el caso como si estuvieran radiando un partido de fútbol. Daban detalles recurrentemente, con lo que engordaban todavía más la información que consumían los lectores.

Pero la investigación policial, sin embargo, no avanzaba lo rápido que unos y otros deseaban. Cuando parecía que el tema entraba en un proceso de letargo, Benedicto XIII volvía a ocupar la parrilla de salida. En el mes de noviembre, casi cuatro meses después del último escrito de los secuestradores, por fin, agentes de la Benemérita anunciaban que habían recuperado el cráneo. Y ¿qué se podía esperar de un palacio abandonado, con una reliquia olvidada, un

75   *Id.*

174

entorno en ruina y un pueblo del interior? Pues que unos casi adolescentes confesaran la gamberrada. Dos jóvenes de 19 y 23 años, vecinos de Sabiñán, como no podía ser de otra manera, eran detenidos.

La consecuencia directa del robo fue la llegada a primera línea de la figura del Papa Luna. Pero otro de los efectos más importantes de estos hechos fue la puesta en marcha del estudio de la calavera para confirmar la veracidad de su origen. Nunca se había puesto en cuestión que esos restos óseos fueran los de Benedicto XIII, pero quedaba la duda de si, tras el saqueo de los soldados franceses, no se habrían perdido de modo definitivo.

La investigación comenzó con el traslado del cráneo a Estados Unidos, donde se le practicaron diversas pruebas de ADN y carbono 14. Los resultados confirmaron la fecha de fallecimiento del individuo: 1423. Fue el primero de los datos que corroboraban la autenticidad de los restos. El cráneo perteneció a Benedicto XIII.

A estas alturas de la película, el nombre del pontífice había ocupado ya los espacios de debate y, lo que es más importante, la atención de las instituciones públicas. Para aparentar preocupación por una figura hasta entonces olvidada, el Gobierno de Aragón declaró la reliquia bien de interés cultural (BIC). Esto evitó que volviera a manos de los herederos del don Pedro Martínez de Luna: se trasladó el cráneo a Zaragoza y se depositó en el Museo Provincial.

Desde entonces, la figura histórica de Benedicto XIII ha visto restablecido cierto pulso en ámbitos tanto académicos como institucionales. Hoy es un reclamo turístico en poblaciones como Peñíscola o Illueca, y, además, se celebran diferentes encuentros y congresos que ahondan en la figura y legitimidad del pontífice.

No obstante, no sería del todo un personaje trascendente si no fuera acompañado del misterio y la magia popular. Así que, una vez resuelto el robo del cráneo, comenzó a circular una antigua profecía que, según algunos enemigos de Benedicto XIII, había hecho en su día san Vicente Ferrer.

Al parecer, su amigo, indignado por la firmeza del Papa Luna en Perpiñán cuando negociaban su abdicación, había sentenciado: «Para castigo de su orgullo, algún día jugarán los niños con su cabeza a guisa de pelota».[76]

Así que faltó tiempo para asegurar que los jóvenes que habían robado el cráneo lo utilizaron también como balón durante el cautiverio. Sea esto verdad o no, lo cierto es que no está documentada la afirmación de san Vicente Ferrer. Tampoco parece que pudiera haberlo dicho, ya que el santo, aunque abandonó su fidelidad al pontífice y la entregó al rey, mantuvo para él el mismo respeto que le profesó el monarca aragonés. El giro del religioso valenciano estaba en consonancia con la postura política de Alfonso el Magnánimo, con quien sostuvo también una estrecha relación. En cualquier caso, de los escritos posteriores del santo parece desprenderse cierto remordimiento de conciencia y arrepentimiento por el abandono de Benedicto XIII.

---

76 Esta supuesta profecía ya empezó a extenderse tras la muerte del Papa Luna, aunque no alcanzó popularidad hasta que fue robado el cráneo en el año 2000. Atribuida a san Vicente Ferrer, se convirtió en tradición oral, de forma que ha pasado de generación en generación hasta nuestros días. Las referencias a la predicción son constantes, tanto en autores académicos y literarios como en informaciones turísticas. Sirva como ejemplo Blasco Ibáñez, V. (1925). *El papa del mar*. Prometeo, p. 288.

LEGADO

Fin del Cisma de Occidente

El Cisma de Occidente duró casi cuarenta años —desde 1378 a 1417—, durante los cuales la política, más que la religión, pareció inundarlo todo. La gran culpable del Cisma fue Francia con su estrategia de control sobre Europa Occidental, centrada en la sumisión de la Iglesia. La monarquía francesa fracturó el papado cuando favorecía a sus intereses y trató de cerrar el Cisma por la misma razón. Legalmente, terminó con la abdicación de Clemente VIII, sucesor de Benedicto XIII, ante Martín V, aunque los principales líderes políticos y religiosos vieron el final de este período al fallecer su mayor escollo: el Papa Luna. Para algunos, 1429 «marcó el final de un período de transición».[77]

Sea como sea, no fue el pontífice aragonés el artífice ni quien sostuvo la división de la Iglesia por voluntad de poder. Benedicto XIII no se opuso a la unificación de la Iglesia católica en una sola cabeza. Más bien, todo lo contrario.

A lo largo de su papado, hizo constantes referencias a la necesidad de unidad e interpeló a sus fieles a rezar por el fin del Cisma. Lo hemos constatado en líneas previas al relatar el encuentro que tuvo con el rey Fernando en Morella. La exhortación a los fieles para orar por una Iglesia unida estuvo presente durante todo su mandato.

---

77   Morelló Baget, J. (2012). *Op. cit.*, p. 31.

Además de la oración y de las prédicas a los fieles, el Papa Luna dejó también constancia escrita de su preocupación por la división religiosa y por la etapa convulsa que vivía la Iglesia. Hasta qué punto fue relevante este tema lo pone de manifiesto el hecho de que ocupase parte esencial de su obra literaria conocida. «[Siendo cardenal] redactó hacia 1380 su *Tractatus de principali scismate*, utilizado en su argumentación en la Asamblea de Medina del Campo en defensa de la legitimidad de Clemente VII».[78]

Vemos el desarrollo intelectual de su argumentario en época tan temprana como la de su legación en Castilla, cuando el papado era poco menos que una quimera. La preocupación por el Cisma era tratada, no solo desde el prisma de la fe, sino también desde el derecho eclesiástico. Su formación en Montpellier afloraría en cada intervención del futuro pontífice, reforzando sus argumentos ante los enemigos.

«Ya como Pontífice escribe *Tractatus domini nostri Pape super subschimate contra eum per cardinales facto* (...) para defenderse de las acusaciones realizadas contra él por los cardenales que le han abandonado, durante el cerco del palacio de Aviñón. Rebate tales acusaciones, les advierte de su apartamiento de la verdadera Iglesia y plantea quince cuestiones según el modelo académico entonces habitual».

Merece la pena rememorar otros escritos del papa aragonés, por cuanto estos se van produciendo en función de los acontecimientos que le rodean. Así, como recoge Álvarez Palenzuela, contra la asamblea de Pisa y sus resoluciones (que lo condenan, en julio de 1409) concibe *De novo subscismate. Tractatus domini Benedicti pape XIII contra Concilium pisanum*. «Tras manifestar su fe católica expone argumentos sobre los reunidos en Pisa, cismáticos, las facultades de los cardenales, la invalidez de lo decidido allí, incluida la elección de un Papa cuando no hay sede vacante, y analiza

---

78   Álvarez Palenzuela, V. A. (2021). *Documentos de Benedicto XIII referentes a la corona de Castilla*. Dykinson, p. 118.

el proceso de doble elección de 1378».[79] Argumentos, estos, de suma importancia para la defensa de su legitimidad.

Es interesante examinar el desarrollo posterior del argumentario de Roma con vistas a comprobar cómo las voces discrepantes utilizarán las mismas tesis que Benedicto XIII para criticar determinadas decisiones. Fue el caso del Concilio de Constanza, que debía haber cerrado las controversias surgidas en torno al Cisma pero no logró acallar las críticas. Durante los siguientes años, numerosas voces de dentro de la Iglesia se alzaron contra el concilio argumentando la invalidez de los puntos allí aprobados. Incluso iban más allá, al poner en duda la legalidad misma de su convocatoria. La consistencia de las explicaciones dadas por el Papa Luna no hallaron oposición, a pesar de no ser tenidas en cuenta por los participantes en el concilio. Este tema lo desarrolló en profundidad en unos de sus últimos escritos.

Por último, nombraremos uno de sus más completos textos, que además aborda el tema cismático. Se trata de una exhaustiva crítica del conciliarismo y de los peligros que entraña para la estructura jerárquica eclesiástica: *Tractatus de Concilio Generali*, «probablemente —dice Álvarez Palenzuela— su obra más completa, tomando como base de partida sus obras anteriores. Con un alarde de conocimientos escriturísticos, patrísticos y de historia conciliar, plantea diez grandes cuestiones sobre la naturaleza, poderes y condiciones de los concilios para ser considerados legítimos y generales, las facultades de los cardenales, y la condición de cismático y hereje».

Es evidente que su legado bibliográfico no se circunscribe solo a las obras escritas de su puño y letra. También las que promocionó, coleccionó o recuperó forman parte de su herencia intelectual. Hablaremos posteriormente de algunos manuscritos que han trascendido a la historia. Pero, antes de eso, hay que recordar su gran biblioteca, con títulos imprescindibles sobre el conocimiento religioso, filo-

---

79   *Ibid.*, p. 119.

sófico y científico. Gracias a su interés por las letras, «se han rescatado del olvido un conjunto de manuscritos promovidos por Pedro Martínez de Luna, elaborados en el escritorio organizado en la fortaleza-palacio de Peñíscola»[80] o traídos desde Aviñón. La importancia de estos libros era reivindicada por sus contemporáneos, alabando el hecho de que se tratara de una biblioteca de conjunto, es decir, de que abarcara aspectos tan diversos como la medicina o la historia. Una de las cosas que primero se trajo desde Aviñón a Peñíscola fue el fondo bibliográfico. Una colección que no dejó de crecer, con continuas aportaciones que ayudaron a incrementar el prestigio de la biblioteca benedictina.

Dentro de este gran legado, hemos dejado un hueco especial para lo que fue su testamento. Desde luego, no ha trascendido como un manuscrito misterioso ni como un texto de enigmáticas y profundas predicciones. Lejos de eso, este texto permite conocer de forma directa al personaje y su trayectoria. El testamento fue leído y entregado en octubre de 1412 al capellán papal y auditor maestre Guy Flandrin. Como asegura Vicente Álvarez, el documento fue escrito por el pontífice para justificar las decisiones que había adoptado a lo largo de su vida y, sobre todo, cómo y por qué mantenía su legado canónico. Lo único que resulta curioso de este documento es que nada le indujo a escribirlo. Nadie temía por su salud ni existían otros motivos que incitaran a ello. Eso sí, la edad, a la que iba sucumbiendo, podría haber llevado a Benedicto a pensar en la necesidad de dejar las cosas atadas. Pero el contexto histórico no era, ni mucho menos, pesimista, más bien al contrario: «acababa de resolver favorablemente la sucesión en la corona de Aragón y se preparaba con entusiasmo para la gran catequesis de Tortosa»[81].

---

80 Planas, J. (2018). *La biblioteca de Benedicto XIII y el* scriptorium *de Peñíscola: códices miniados reflejados en los inventarios papales*. En Simó Castillo, J. B. (Coord.). (2018). *Op. cit.*, p. 102.

81 Álvarez Palenzuela, V. A. *Op. cit.*, p. 120.

En el testamento, que podemos desentrañar de la mano de esta misma fuente, Benedicto XIII, siguiendo el ejemplo de los santos padres que lo antecedieron y sabiéndose «un anciano de edad avanzada... y [ante] la proximidad del fin de la vida presente», el Papa Luna se encomienda a la Justicia Divina y particularmente a la Virgen: «Confiesa en primer lugar su fe católica, hace un somero recuerdo de su vida y formación y, reforzando su confesión de fe, desea dar por no creído, dicho o escrito nada que pueda haber hecho contra las enseñanzas de la Iglesia».

En cuanto a la parte que nos ocupa, el Cisma, este tema se hace presente en la parte central del documento, como un problema relativo a la división reinante en la institución. En este sentido, se ratifica como papa legítimo esperando la elección de sucesor y se apoya en la legalidad esgrimida por Gregorio X. Su reafirmación en el cargo lo lleva a animar a sus seguidores a soportar los ataques del adversario, «las tentaciones ilícitas de los perversos, las amenazas de los poderosos, y, lo más difícil, las opiniones contrarias de los hombres letrados».

En un claro ataque a sus enemigos, habla sobre la unión de la Iglesia dejando entrever los riesgos de la política, que persigue acortar los caminos e imponer sus prioridades. Contra eso, previene a sus seguidores y les pide que no caigan en la tentación, puesto que ese tipo de recorrido, más corto, conduce a aumentar la fractura. Su propia experiencia, al ver cómo llegaron a coexistir hasta tres pontífices, estuvo siempre sobre la mesa. Recuerda lo que sucedió en Pisa y los esfuerzos por él realizados para proponer soluciones jurídicas y seguras. Como ya hemos podido verificar, todas rechazadas.

En líneas generales, Benedicto XIII siempre se mostró dispuesto a cualquier solución sobre el Cisma conforme a derecho y tomó las iniciativas oportunas por difíciles y costosas que se presentaran. Se alejó de soluciones políticas que solo beneficiaban a una parte y, quizás al separar Iglesia y Estado, no logró el apoyo necesario para sus tesis. Desde luego, «no fue correspondido por la obediencia romana, ni siquiera por Gregorio XII, fuertemente limitado en su capacidad de actuación por las fuerzas que le sostenían».[82]

Aunque el pontífice aragonés murió aislado eclesiástica e internacionalmente, su doctrina se demostró plenamente correcta. «Fue la personalidad que más poderosamente influyó en los destinos religiosos y políticos de la Europa de su tiempo».[83] Sus tesis se adelantaron varias décadas a las que prevalecerían en el catolicismo pese a que no logró terminar con el Cisma. O quizás sí. Porque no se entendería el final de esa crisis religiosa sin la intervención decidida de nuestro protagonista.

Nadie puede decir que no intentara acabar con el problema cismático y abogara por la unión de la Iglesia. La citada profusión de sus pronunciamientos al respecto no se registra en sus oponentes. Estos nunca plantearon intereses globales de carácter religioso, sino que se dejaron llevar por las soluciones políticas y, en consecuencia, derivaron hacia una gestión religiosa poco eficaz y dominada por el nepotismo propio de Francia e Italia. La mejor imagen de esa situación la daba Roma, sumida en la ruina física y moral.

Martín V, archienemigo de Benedicto XIII, sufrió en sus propias carnes el abandono y la desolación de la ciudad: no pudo entrar en Roma hasta el mes de septiembre de 1420 y lo hizo gracias al poder de su familia: los Colonna, grandes señores en la ciudad. «Tanto él como Eugenio IV experimentarán los auténticos objetivos y métodos de los defensores del conciliarismo: Martín V en el inoperante concilio de Pavía-Siena, resuelto por autodisolución; Eugenio IV habrá de abandonar Roma, será depuesto por el revolucionario concilio de Basilea y verá abrirse de nuevo la división jerárquica, con la elección de Félix V».[84]

Pudiera parecer que la derrota de Benedicto XIII en lo

82   *Ibid.*, p. 122.
83   Simó Castillo, J. B. (2018). *Seis siglos después de la condena al Papa Luna.* En Simó Castillo, J. B. (Coord.). *Op. cit.*, p. 215.
84   Álvarez Palenzuela, V. A. *Op. cit.*, p. 123.

que se refiere al Cisma fue completa. Al menos, así lo han transmitido historiadores y teólogos hasta la actualidad. Sin embargo, nada más lejano de la realidad. Si bien no pudo ser reconocido finalmente como el único pontífice de la Iglesia, no es menos cierto que tanto él como Clemente VII fueron considerados de una u otra manera entre los papas posteriores. El anuario *La gerarchia cattolica e la famiglia pontificia* del año 1904 lo recoge como «papa aviñonés»: «Benedetto XIII, Aragonese, *de Luna*, 28 sett. 1394-1423, 23 magg.».[85] Habría que preguntarse por qué no es así en la actualidad. Como él sostuvo, su elección fue la única que se ajustó a derecho de entre todas las que se llevaron a cabo durante esos años. Pero, además, otros teólogos han validado indirectamente la legalidad del papado de Benedicto: el canónigo Jules Didiot, decano de la Facultad de Teología de Lille, aseguraba «Si, después de la elección de un papa, antes de su deceso o su renuncia, se produce una nueva elección, esta es nula y cismática: el elegido no aparece en la sucesión apostólica».[86]

El debate en torno a la legitimidad de Benedicto XIII sería largo y daría para otro ensayo diferente. Con todo, queda clara la vocación conciliadora a la vez que renovadora del Papa Luna. Extraña, pues, que no se enarbole la bandera de su legitimación definitiva frente a Roma.

JEAN CARRIER

No puede hablarse del Papa Luna ni del final del Cisma de Occidente sin referirse al último suspiro de lo que podríamos llamar *benedictismo*, en referencia al papado de Pedro de Luna. Ese último aliento lo encarnó la figura de Jean Carrier, cardenal del papa aragonés y sucesor de la línea benedictina.

Había nacido en Rouergue (sur de Francia). Su trayecto-

---

85 *La gerarchia cattolica e la famiglia pontificia.* (1904). Monaldi, p. 24.
86 Didiot, J. (1892). *Logique surnaturelle objective.* Taffin-Lefort, n.º 823. Citado en Salembier, L. (1921). *Le grand schisme d'Occident.* Librairie Victor Lecoffre, p. 188.

ria vital estuvo marcada por la defensa de la causa del papa aragonés incluso después de muerto. Su vida constituye una especie de aventura permanente en donde los viajes y las disputas forman parte de su día a día, hasta que sus huesos se postran por última vez en el calabozo de Foix.

Comenzó su carrera eclesiástica como un sacerdote rural. Escaló algunos puestos dentro de su comunidad hasta que el destino lo hizo coincidir con el Papa Luna. Su vida cambió y pasó a servir al aragonés, papa de Aviñón por aquel entonces, hasta más allá de la muerte. Su creencia profunda en la obra de Benedicto lo llevó incluso a adoptar el mismo nombre durante los siete años en que ostentó el título pontificio, dentro del Cisma; así *nació* Benedicto XIV.

A partir de ese momento, su afinidad con don Pedro Martínez de Luna le permitió ir ascendiendo peldaños dentro de la curia, cuando esta habitaba en Aviñón. El religioso estaba convencido del criterio eclesiástico del aragonés, lo que lo condujo a unir su vida al destino del papa. Fue nombrado vicario general en los territorios del condado de Armagnac. El cargo suponía una gran responsabilidad, puesto que dicho conde se había caracterizado por su gran apoyo a Benedicto; lo convertía en una suerte de embajador pontificio en Perpiñán, es decir, en la máxima representación de Pedro Martínez de Luna ante el conde, que por entonces obraba ya un auténtico rey en Francia. Carrier consolidó al conde para siempre en el lado del Papa Luna.

Su trabajo a favor de Benedicto XIII no pasó desapercibido en Roma, donde el archienemigo Martín V ordenó una intensa persecución contra él. Tuvo que soportar, incluso, que Martín V enviase tropas para capturarlo y darle muerte, pero no pudieron apresarlo en la pequeña fortaleza de Pegniscolette, donde estaba residiendo. Finalmente, Carrier escapó de ese castillo y se dirigió a su querida Peñíscola.[87]

---

87   Sobre la vida y obra de Jean Carrier se ha escrito muy poco y se ha investigado menos. El trazo biográfico que he reproducido en estas páginas lo desarrollé para el trabajo descrito en la nota 55, puesto en marcha por la Diputación de Castellón y destinado a los niños que quieran visitar

El final del que fuera también papa, más allá de la abdicación de Clemente VIII, fue más dramático que el de su admirado antecesor. El señor de Foix, que había pasado a servir a Martín V, apresó en 1433 a Carrier, encerrándolo en las mazmorras del castillo. Allí pasó sus últimos días sin que su avanzada edad le mereciera piedad alguna. El desprecio del señor y del papa de Roma por Carrier hizo que su cuerpo fuera enterrado al pie de una roca, sin ceremonia protocolaria, según las crónicas de la época.

Antes de su fallecimiento, como detallamos páginas atrás, Benedicto nombró algunos cardenales fieles para asegurar la sucesión y la defensa de su obra. Tres de estos eligieron a Clemente VIII. Jean Carrier, que también había sido nombrado por Benedicto XIII, se encontraba en el momento de la elección en su puesto de vigario general del condado de Armagnac. «En diciembre llega a Peñíscola el cardenal Jean Carrier, con informes negativos sobre lo acontecido; considerando simoníaca la elección, procederá él solo a una nueva elección, hecho que le obliga a abandonar Peñíscola y hace que Clemente VIII le prive del capelo».[88] Se abre aquí un período complicado para los aún defensores de la causa benedictina. En particular, para Carrier.

Pese a todo, aún tendría tiempo de dejar testimonio de lo vivido. El cardenal francés, muerto Benedicto, escribiría sobre los últimos momentos del papa, claramente procurando componer un texto de verdadero valor biográfico. Aquella memoria, como la crónica de Alpartil, sirvió para contrastar las grandes cuestiones de la vida del personaje ya apenas unos años tras su desaparición.

Gil Sánchez Muñoz, Clemente VIII, comenzó su papado en 1423. Después de la polémica surgida con los franceses Carrier y Bonnefoi, continuó con su mandato determinado por las necesidades políticas del rey. Esa realidad de depen-

---

el castillo de Peñíscola. Sin duda, una interesante iniciativa que trajo a primer plano, de nuevo, a nuestro protagonista. https://castillodepeniscola.dipcas.es/es/fichas-del-maestro.html.

88 Álvarez Palenzuela, V. A. *Op. cit.*, p. 116.

dencia lo perseguiría de forma permanente y, a tenor de los hechos, tuvo fundamentos reales. Hablando de su elección, Vicente Álvarez apunta que era imposible «que ese acontecimiento se produjese sin una orden de Alfonso V, que, el 28 de junio, ordenaba a sus súbditos no obedecer a Martín V...». Las acciones del papado no iban encaminadas hacia la reconciliación con Roma y el fin del Cisma, sino a servir en su periplo al rey Alfonso el Magnánimo. Esta circunstancia lo enfrentó con Jean Carrier, que consideraba primordial restablecer la honorabilidad de Benedicto y, si esto no se producía, persistir con la elección de papas sin abdicar en la línea romana.

Carrier prosiguió con la lucha por la línea sucesoria de Benedicto y la defensa de su obra. Los hechos se precipitaron a finales de 1425. El 12 de noviembre, junto a los pocos fieles que le quedaban, consideró la elección de Clemente VIII ilegítima. Según el francés, se había producido simonía (compraventa de cosas espirituales —remedios eclesiásticos, sacramentos— y voluntades), además de irregularidades en el proceso de elección del colegio cardenalicio. Como conclusión, tras ser depuesto Clemente, eligió él mismo a un sacerdote de la Guyena francesa agregado a su iglesia de Rodez, Bernard Garnier, que comenzó su papado con el nombre de Benedicto XIV: el mismo que hemos adelantado como propio de Carrier. Procedemos a aclararlo.

La historia de esta línea de sucesión papal comienza aquí su extraño entramado, puesto que la designación de Garnier por parte de Carrier nunca se comunicó. El cardenal de Benedicto XIII la mantuvo en secreto y se desconocía la ubicación del nuevo representante. Confundido, el conde de Armagnac escribió a la misma Juana de Arco pidiéndole consejo sobre cómo decidirse entre Martín V, Clemente VII y Benedicto XIV. Blasco Ibáñez reproduce parte de la carta:

«Querida señora: Existen tres pretendientes al Papado; uno vive en Roma, se hace llamar Martín V y le obedecen todos los reyes cristianos ; otro habita en Peñís cola y se hace llamar Clemente VIII; el tercero no se sabe dónde vive, tan sólo el cardenal de San Esteban [Carrier] y unos pocos más lo conocen, y se hace llamar Benedicto XIV...».[89] Para enredar más la situación, Garnier renegó de su relación con Carrier y rehusó el título de Benedicto XIV.[90]

El escenario sufre a partir de entonces un oscurecimiento informativo del que solo se saldrá en determinadas ocasiones para conocer el destino de Carrier.

Tras la abdicación del papa Clemente VIII el 26 de julio de 1429, aparece en escena Jean Farald, que podría haber sido un cardenal nombrado por Garnier o bien por Carrier. El caso es que Farald eligió otro pontífice en la figura de Jean Carrier, que tomó igualmente el nombre de Benedicto XIV al considerar no válido el de Garnier, por haber renunciado este al nombramiento. De esta manera, tras la abdicación de Clemente VIII, Carrier se convertía en heredero también de la línea de Aviñón.[91]

La alegría del papado no le duraría demasiado a Carrier. La obsesión del papa de Roma, Martín V, con todo lo que rodeó a Benedicto XIII lo impulsó a enviar un ejército con el objetivo de capturar a Carrier y hacerlo prisionero. La desigualdad entre las defensas del pontífice francés y las del papa llevó a Benedicto XIV a dar con sus huesos en la prisión del castillo de Foix, cuyo conde se había declarado abiertamente enemigo suyo. Carrier, aunque en cautiverio, fue considerado papa por sus partidarios hasta 1437, cuando parece ser que murió, en la cárcel.

Así se abre una nueva y más enigmática etapa en torno a la línea papal. Al parecer, Carrier habría nombrado sucesor entre sus partidarios, con el nombre de Benedicto XV, iniciando con ello una línea sucesoria secreta que llegaría hasta nuestros días, siempre con el mismo nombre y cambiando el ordinal.

---

89   Blasco Ibáñez, V. (1925). *Op. cit.*, p. 208.

90   *Cf.* Melià i Bomboí, V. (2012). *El Papa Luna: el hombre que miró fijamente a los ojos del Dragón.* Antinea, p. 78.

91   *Cf.* Puig y Puig, S. (1920). *Episcopologio barcinonense. Pedro de Luna: último papa de Aviñon (1387-1430).* Políglota, p. 412; Porcel, B. (1977). *Caballos hacia la noche.* Plaza & Janés, p. 143.

Jean Carrier es el auténtico personaje novelesco y misterioso que rodea a la figura del Papa Luna. El hecho de que se haya investigado poco su biografía ha contribuido a reforzar esa idea enigmática que le ha acompañado durante toda la historia.

Uno de los hechos misteriosos ligados a Carrier fue la existencia en torno a sí de un cuerpo de monjes guerreros que debía preservar el tesoro del Papa Luna y la línea sucesoria de Benedicto XIII. Si poco se sabe de las andanzas del cardenal francés, menos aún de estos *trahiniers*. Se configuraron como un reducido grupo de élite al servicio del francés, pero no se sabe con exactitud si fueron o no disueltos. Puig y Puig[92], y antes que él autores como Charles Samaran[93] o el Boletín de la Sociedad de Historia de Francia[94], sitúan su origen alrededor de la familia del herrero Jean Trahinier, que vivía a apenas dos leguas del lugar que sirvió de refugio a Carrier en Tourène mientras huía de Martín V; se hizo notar entonces que aquella, en vez de asistir regularmente a su parroquia, acudía para recibir los sacramentos a las iglesias vecinas de Cadoulette o Murat, donde oficiaban sacerdotes de la obediencia de Benedicto XIII y sus sucesores (Farald entre ellos, con puesto preeminente). Diríase que de un modo u otro llegaron a constituirse en facción.

La organización tuvo un sentido secreto y se movió de forma alegal entre las coronas de Castilla, Aragón y Francia, además de en Roma. Su soporte más sólido, al igual que el de Carrier, se concentró en los dominios del conde de Armagnac. Fiel al cardenal, preservó la integridad del papa incluso en los momentos más complicados, como el nombramiento de Benedicto XIV en la figura de Bernard Garnier.

---

92 Puig y Puig, S. (1920). *Episcopologio barcinonense. Pedro de Luna: último papa de Aviñon (1387-1430)*. Políglota, p. 412.

93 Samaran, C. (1908). *La maison d'Armagnac au XVe siècle et les dernières luttes de la féodalité dans le Midi de la France*. Droz, p. 60.

94 *Societé de l'Histoire de France* (295-296). (1899). La Societé, pp. 176-178.

Tras el incidente de Garnier, el cargo recayó en Carrier, que se convirtió en el mismo Benedicto XIV. Parece ser que los *trahiniers* siguieron estando a las órdenes del francés; sin embargo, desde este instante y, sobre todo, tras la desaparición del citado, comienza a perderse su pista. También aquí es donde se inicia la leyenda, puesto que es a este cuerpo de monjes guerreros a quien se atribuye la defensa de la línea sucesoria iniciada en Benedicto XIV, que, según parece, se ha mantenido hasta nuestros días. Resueltamente contrarios a la resolución del Concilio de Constanza, «no reconocían otro papa que Jean Carrier, a quien se empeñaban en creer aún vivo».[95] Los *trahiniers* habrían sobrevivido al paso del tiempo ocultando siempre su propia existencia.

OBRA Y HERENCIA EN EL ARTE[96]

Una de las sedes, por denominarlo de alguna forma, del poder de Benedicto XIII fue la cartuja de Val de Cristo. Su importancia resultó notoria durante todo su pontificado. Hecho ilustrativo de su valor para la política del Papa Luna fue que uno de sus más fieles colaboradores, el ya aludido Bonifacio Ferrer, que lo siguió casi hasta el final de sus días, fue prior mayor de la Gran Cartuja de Grenoble y luego dio a parar a esta. Con ello, el papa se aseguraba el control territorial, político y espiritual de su área de influencia geográfica.

El poder del reino de Valencia en los siglos XIV y XV fue tal que, con el respaldo de la Iglesia, el monarca quiso hallar en él un lugar para construir un convento en tierras destinadas al «juicio final». Durante dos años, los tres consejeros reales buscaron el lugar que más se asemejara al valle de Josafat, en Israel, hasta que dieron con el pueblecito de Altura. Allí decidieron levantar la cartuja de Valldecrist.

---

95   *Ibid.*, p. 177.
96   Este apartado se nutre en parte de un artículo que publiqué en *Esdiario*. Más, V. J. (16 de febrero de 2019). *Valencia juzgará a las naciones del mundo en el Juicio Final*. Esdiario. https://esdiario.com/valencia/444111772/Valencia-juzgara-a-las-naciones-del-mundo-en-el-Juicio-Final-.html.

«El joven Martín, hijo de Pedro IV el Ceremonioso, tuvo desde pequeño relación con la orden cartuja. Uno de sus amigos acabó profesando en la orden e imaginamos que la sobreexposición al tema terminó por ocupar sus sueños». Una noche, su mente se adentró en la recreación del valle de Josafat, que nombra el profeta Joel como el sitio en que tendrá lugar el juicio final. Dice la tradición que quién allí mora, vivo o muerto, será el primero en ser juzgado y, por tanto, en poder acceder al cielo de los justos. Tal es así que las dos laderas del valle de Cedrón están repletas de tumbas y panteones de judíos de diferentes épocas. Este lugar recibió su nombre del río Cedrón, en cuyas aguas celebró sus victorias el rey Josafat, que se enfrentó a una coalición de antiguos reinos de Moab, Amón y Abdón. El valle se encuentra entre Jerusalén y el mismo monte de los Olivos.

En Altura halló Martín ese ansiado enclave para erigir el templo dentro de sus dominios puesto que era señor de Segorbe, casualmente relacionado con su esposa, María de Luna. Así que ya tenemos por aquí al primero de los Luna. Martín, que tras la muerte sin descendencia de su hermano mayor sería coronado rey y llamado «el Humano», compró dos grandes masías a señores de la zona y fijó que la pequeña Altura sería el lugar donde se juzgaría a todas las naciones del mundo, con permiso del mencionado valle de Cedrón.

«La fama e importancia de esta cartuja, en parte por la carga simbólica que representaba, recorrió todos los rincones del reino de Valencia y de la Corona, traspasando incluso las fronteras». La cartuja se convirtió en un centro de poder político, religioso y cultural. Entre sus priores sobresalieron Luis Mercader, confesor de Fernando el Católico, y Bonifacio Ferrer, artífice del Compromiso de Caspe.

Martín el Humano y su esposa, María de Luna, concedieron cuantiosas donaciones económicas y territoriales al monasterio, al tiempo que este recibía también censos cargados sobre ciudades cercanas como Segorbe, Gaibiel, Castellnovo o Jérica y sobre otras no tan próximas correspondientes a las actuales provincias de Teruel y Valencia.

La circunstancia que más determinaría el futuro de este complejo cartujo sería la pasión del rey Martín por las reliquias, de las que un importante número fue a parar a la iglesia de San Martín, en la misma cartuja: «un fragmento del madero en el que se crucificó a Cristo, un cabello de la Virgen, la cabeza de san Martín (el patrón de la Iglesia), objetos de Moisés y su hermano Aarón, etc.».[97] No hay que olvidar que Martín fue quien dio el pistoletazo de salida para que el santo Grial se trasladara definitivamente a Valencia.

La cartuja fue adquiriendo poco a poco tal relevancia que el propio Papa Luna concedía indulgencias a todos aquellos que presenciasen la exhibición de las reliquias. Incluso anexionó la rectoría de Castellón en 1397, con lo que se vinculaba aún más estrechamente a Valdecristo. Así, dos años más tarde ordenó el inicio de las obras del claustro mayor, que finalizaron en 1428 junto con las de la iglesia.

Con la protección espiritual de Benedicto y el mecenazgo real, Valdecristo llegó a distinguirse como epicentro religioso de la corona de Aragón, hasta el punto de que entre sus muros pernoctaron monarcas como Martín el Humano o Alfonso el Magnánimo, santos como Ignacio de Loyola o el propio Vicente Ferrer y papas como el propio Benedicto. Ello arrastró también la participación de la nobleza de la época, que sufragó numerosas capillas y dotó a la construcción, diseñada por el arquitecto Pere Balaguer, de «un rico patrimonio artístico hoy perdido y disperso por el mundo». En el Museo Metropolitano de Arte de Nueva York, como apunta Calvé, puede contemplarse hoy el retablo titulado *The Trinity Adored by All Saints*, joya del arte gótico valenciano. Otro, llamado de Nuestra Señora de los Ángeles y de la Eucaristía, descansa en el Museo Catedralicio de Segorbe). Con ellos se extraviaron viejos tapices y otras muchas obras de arte.

---

97 Calvé, Ó. (8 de febrero de 2015). *La Cartuja de Valldecrist, relicario real y centro político europeo*. Las Provincias. https://www.lasprovincias.es/fiestas-tradiciones/201502/08/cartuja-valldecrist-relicario-real-20150208000154-v.html.

Hemos hablado de Bonifacio Ferrer. Su presencia en Valldecrist ayudó a consolidar el centro religioso como el referente mayor de la Corona.

Hermano del que será san Vicente, tuvo una brillante carrera como político y hombre de leyes, pero la vida le asestó dos duros golpes que cambiaron su trayectoria. Primero, tras ser acusado de traición, pasó más de seis años de privación de libertad. Y casi paralelamente, en 1394, «víctimas de la horrorosa peste que diezmó por aquel tiempo la ciudad de Valencia, segando de raíz más de doce mil vidas, en poco tiempo el Señor se le lleva las siete hijas, y dos hijos, y finalmente su misma esposa».[98] Resignado, Bonifacio se deshizo de todas sus posesiones y, el 21 de marzo de 1396, tomó los hábitos cartujos en el monasterio de Porta Coeli, Al cabo de apenas cuatro meses era ordenado sacerdote, «evidenciándose un favor personal del Papa Luna».[99]

El 23 de junio de 1402 es elegido prior de la Gran Cartuja o Grande Chartreuse de Grenoble, la mayor institución de los cartujos, y general de la orden. Un hijo de la corona de Aragón, al frente del instituto. Pero también los cartujos estaban divididos desde antes del Concilio de Pisa. Francia y España reconocían la autoridad de Ferrer, mientras que Alemania a Italia obedecían como general a Esteban Maconi, discípulo de Catalina de Siena. Por un cartujo de Aula Dei e Ildefonso M. Gómez, m. b.,[100] sabemos que ambos renunciaron «por el bien de la unión» —*pro unionis bono*— (Llorens y Raga señala que Bonifacio lo hizo por creerse indigno de tal responsabilidad[101]), y ambos dos nos dan la pista que enlaza definitivamente a Ferrer y al Papa Luna con Valldecrist: «No residió siempre en la Grande Chartreuse. Benedicto XIII le necesitaba a su lado».[102] El

---

98   Llorens y Raga, P. L. (1955). *Fray Bonifacio Ferrer como religioso y como literato.* Sociedad Castellonense de Cultura, p. 11.
99   Calvé, Ó. *Loc. cit.*
100   Un cartujo de Aula Dei y Gómez m. b., I. M. (1970). *Escritores cartujanos españoles.* L'Abadia de Montserrat, p. 59.
101   Llorens y Raga, P. L. *Op. cit.*, p. 18.
102   Un cartujo de Aula Dei y Gómez m. b., I. M. *Loc. cit.*

Papa Luna no aceptó la renuncia del general y lo facultó para presidir el capítulo general cartujano en la sede que quisiera. Bonifacio Ferrer eligió Val de Cristo. Acatando por entero la disposición de su pontífice, llegó a celebrar hasta siete capítulos con el propósito de garantizar la buena salud de la orden, fortaleciendo con ello el papel de la cartuja de Altura en el panorama; y su labor le valió ser designado por el reino de Valencia para representarlo en el Compromiso de Caspe.

Pero Bonifacio aún anhelaba la unidad eclesiástica y, en un giro de los acontecimientos, el Concilio de Constanza se saldó con la retirada de su obediencia al Papa Luna, como con la de su hermano Vicente y la de las coronas de Aragón y Castilla. Antes de que Benedicto marchase a Coillure, no obstante, «acudió a visitarle Dom Bonifacio en un último intento por llegar a un arreglo».[103] De vuelta en Valldecrist, Bonifacio Ferrer falleció poco después, el 29 de abril de 1417, apenas un lustro antes de que lo hiciera el que había sido su gran amigo y aliado Benedicto XIII.

El papado de Benedicto no fueron solo acciones políticas o religiosas, como podido comprobar. Su formación universitaria dotó a este pontífice de una capacidad artística y de mecenazgo muy superior a la de la media de los padres de la Iglesia.

Hemos apreciado su gran capacidad y su prolífica producción literaria. También cómo apoyó la realización de determinadas edificaciones muy decisivas durante su mandato, como la cartuja de Valdecristo.

Es hora, pues, de analizar su obra en conjunto, como parte de una visión globalista más amplia. Una visión universal que no impidió, sin embargo, que favoreciera y fomentara la producción artística de autores locales allá donde interve-

---

103   Cantera Montenegro, S. (2010). Los cartujos en la Península Ibérica en la Edad Media. En García de Cortázar, J. Á. y Teja, R. (Coord.). *Del silencio de la cartuja al fragor de la orden militar.* Fundación Santa María la Real, p. 43.

nía. «Este tipo de artistas trabajarían, sobre todo, en piezas no arquitectónicas, como los tres bustos de los santos Valero, Vicente y Lorenzo, encargados y obrados en Aviñón, o la capa de *opus anglicanum*, presente suyo a Daroca».[104]

Como ocurrirá después con los otros pontífices valencianos, Benedicto jalonó toda su obra favoreciendo un estilo marcadamente hispano, sobre todo en construcciones y decoraciones. Baste como ejemplo la Seo de Zaragoza. Pero, a diferencia de la mayoría de los santos padres, nuestro protagonista fue más allá e invirtió parte de su riqueza en las acciones artísticas que llevó a cabo. Benedicto «se siente atraído por el arte en sus más variadas manifestaciones...».

Como refleja en su extenso trabajo Ángela Franco, si tuvo presentes a los artistas locales para llevar a cabo alguna de sus obras, así como el arte mudéjar propio de Aragón, estaba clara su vocación por las tierras de donde era oriundo y en donde su familia se había convertido en sostén principal de la Corona. Aquí se puede distinguir la mayor parte de sus grandes intervenciones. Además de en la catedral zaragozana o en las de Huesca y Tarazona, situó bajo su patrocinio obras en Santa Engracia, en el palacio arzobispal de Valderrobres, en San Pedro Mártir de Calatayud, en la señoría de Terrer o en el convento de monjas clarisas de Calatayud, entre otras; y también hay rastro de su contribución en lugares como Morella, San Mateo o Daroca.

El legado de Benedicto XIII traspasó la corona de Aragón para abarcar también Castilla y el sur de Francia. Sus contemporáneos reconocieron el mecenazgo que ejerció en el ámbito cultural, en todas las disciplinas conocidas. De él destaca Vicente Álvarez «el apoyo a la creación de parroquias y el desarrollo de centros de peregrinación, o la protección de los bienes de las instituciones eclesiásticas y su impulso a la realización de importantes obras».[105] Para llevar a cabo los trabajos más laboriosos en arquitec-

---

104 Franco Mata, Á. (2004). El Papa Luna y el arte de su tiempo. *Almogaren* (34), pp. 84-85.
105 Álvarez Palenzuela, V. A. *Op. cit.*, p. 117.

tura dispuso de los autores más destacados del momento en estilo mudéjar, «a la cabeza de los cuales se halla Mahoma Ramí, junto con otros tres maestros albañiles de su familia, Alí, Brahem y Lop. También se documentan dos Castellano (...), cuatro Borja, cinco Brea (...) y tres Mediana...».[106]

La arquitectura mudéjar esta asociada al uso de la cerámica para decoración, incluido en el exterior. En este sentido, Benedicto XIII amparó la producción en los principales centros de la Corona: Manises y Paterna, en el reino de Valencia. La fama de su cerámica llegaría a su máxima expresión con los encargos de otro papa, el valenciano Alejandro VI, papa Borgia, para decorar las estancias vaticanas.

Uno de los objetos de los que más se ha hablado es el famoso báculo del Papa Luna, que hoy día puede admirarse en el Museo Arqueológico Nacional. Una obra de orfebrería con cierto aire aviñonés que fue mejorado en 1392 por Benedicto pero que heredó del papa Clemente VII. Existen precedentes en Italia, pero netamente inferiores.[107]

La procedencia del báculo lo convirtió en un elemento simbólico de poder, llamado a tener el mismo peso en las coronaciones papales que la tiara. No obstante, la postergación del aragonés hizo que se cortase su proyección política y centrara todo su interés en lo artístico.

El autor del báculo fue también un artista local, un platero de Aviñón. Cuando fue heredado por Benedicto XIII, este lo reformó para darle el aspecto que se ve en la actualidad y adecuarlo a los gustos más cercanos al Renacimiento. Como cualquier obra de arte, el estilo imperante durante el papado de Clemente (1342 y 1352) imperó en su estética. No sería modificado por el aragonés, sino que este se limitó a añadirle decoración de mayor calidad interpretativa.

El objeto es «de plata sobredorada y esmaltes traslúcidos de colores, que decoran el vástago de sección poligonal y vuelta circular con una cenefa de rosetas y aves encerradas en un círculo. Igualmente, los losanges de la manzana

---

106   Franco Mata, Á. *Op. cit.*, pp. 86-87.
107   *Ibid.*, p. 95.

están decorados con llaves cruzadas de oro sobre luna menguante de plata y tiara con ínfulas sobre luna menguante de plata, más dos menguantes de plata, realizado todo ello con esmaltes traslúcidos e interpretado como las armas heráldicas del Papa Luna. Por último, las dos figuritas que rematan la vuelta del vástago representan la Anunciación a la Virgen María, con la que empieza la historia de la salvación, que deben hacer extensiva los pontífices»[108].

La orfebrería estaría muy presente en la vida del pontífice y dejaría a su paso numerosos ejemplos, como los del copón de la catedral de Tortosa o el cáliz de la Seo de la misma ciudad. La falta de financiación para grandes obras artísticas, así como el gusto religioso de la época, explica su predilección por los artistas orfebres. Parte de esta obra también la podemos descubrir en Peñíscola, donde reposan una cruz procesional y un cáliz que pertenecieron directamente al papa. No hay que dejar de valorar esta disciplina artística que ocupó un lugar muy significativo en XIV y XV. De hecho, el desarrollo de la orfebrería en Aviñón fue fundamental para el papado. Un gusto que adquirió también Benedicto y que trajo hasta Peñíscola. Precisamente, el peso que adquirió en la proyección artística del pontífice este arte nos lleva a pensar que también influyó en la redecoración del santo Grial depositado en Valencia, como han sostenido historiadores de la talla de Inmaculada Traver. No hay que olvidar que la pieza tuvo relación directa con los reyes Alfonso y María, cuyo enlace fue oficiado por el propio pontífice.

En cuanto a la pintura, facilitó la llegada de artistas españoles a Aviñón mientras sostuvo allí su papado. Además, fomentó la creación de nuevas obras, tanto en Peñíscola como fuera. Frescos y retablos adornaron toda el territorio de la Corona, algunos de ellos desaparecidos hoy día.

La labor artística patrocinada y promocionada por Benedicto XIII fue mucho más prolífica de lo que se ha tendido

---

108   *Báculo del Papa Luna*. (s.f.). Museo Arqueológico Nacional. www.man.es/man/exposicion/recorridos-tematicos/imprescindibles/baculo.html.

a creer. Sus huellas pueden ser rastreadas aún por toda la antigua corona de Aragón, principalmente, pero también por enclaves destacados de Castilla. Es evidente que las creaciones de menos tamaño abundaron en torno a su residencia. Esto se traduce en una presencia abundante de restos artísticos en el radio de acción de Peñíscola, la sede papal.

Lo importante de su impronta a través de las artes es cómo ayuda a conocer mejor el perfil del personaje. Un papa culto, formado, preocupado por desarrollar una labor sólida y trascendente no solo en la fe, sino también en distintos ámbitos de la sociedad. Un papa que tuvo que convivir con la política y la guerra pero que no dejó de lado la labor cultural, que partía de su su propia faceta escritora.[109]

---

109 Un interesante estudio sobre el patrimonio relacionado con el Papa Luna es el llevado a cabo por Gabriel Piró Mascarell, que da todo tipo de detalles en el artículo «30 años recuperando patrimonio en el Maestrat», publicado por la asociación Amics del Papa Luna en 2018, en el libro que ya hemos citado en el presente trabajo: Simó Castillo, J. B. (Coord.). *Op. cit.*, pp. 195-210.

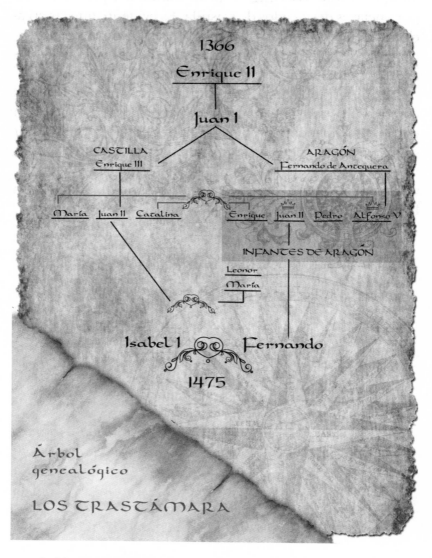

1366
Enrique II

Juan I

CASTILLA   ARAGÓN
Enrique III   Fernando de Antequera

María   Juan II   Catalina   Enrique   Juan II   Pedro   Alfonso V

INFANTES DE ARAGÓN

Leonor
María

Isabel I   Fernando
1475

Árbol
genealógico

LOS TRASTÁMARA

La historia del comienzo de la configuración de España como nación suele reducirse a la sucesión genealógica que condujo a Isabel y Fernando a los tronos de Castilla y Aragón. Pero la dinastía Trastámara y su poder en la península no se entienden sin la figura de don Pedro Martínez de Luna, aún hoy ensombrecida y envuelta en una bruma de misterio.

VI. EL PAPA DE LOS MISTERIOS

La vida del Papa Luna, como la de cualquier gran personaje de la Edad Media, está rodeada de un halo de misterio que, en su caso, ha ido creciendo con los siglos y ha trascendido al referente histórico para convertirlo en mito. Con Benedicto XIII, además, se da la circunstancia de que acumula en su entorno tantos elementos trascendentes, con un desenlace cuanto menos desconcertante, que el misterio lo ha inundado todo, como la niebla que se espesa hasta no dejar entrever la realidad de las cosas.

A su alrededor podemos encontrar desde el santo Grial hasta la fuente de la eterna juventud. Todo pudo encajar en su inagotable vida. Esta bruma de misterio convive a la vez con aquello que hemos venido desgranando hasta estas páginas, con un personaje culto, con formación académica, con una trayectoria profesional que fue más allá de la fe; racional, humanista, austero y docente universitario. ¿Cómo un hombre de intelectualidad tan elevada ha pasado a la historia rodeado de tantos misterios? Quizás sea el personaje occidental con mayor número de intrigantes historias de las cuales pocas han podido resolverse.

Es más, Benedicto XIII podría recordarse como el personaje internacional más ligado a cualquier misterio de los que se conoce. Esta circunstancia viene dada, sin duda, por su papel protagonista en un mundo, el medieval, en el que el eurocentrismo era tan acusado que rozó en muchos casos tintes de endogamia. Un papa de la Baja Edad Media era un persona principal en su época. En el caso del Papa Luna, esa «época» fue una sucesión de generaciones a las que iba sobreviviendo hasta alcanzar casi los cien años. Ello contribuyó a acrecentar su leyenda, una lucha que no decreció a pesar de la edad.

Si a esta circunstancia le añadimos el hecho de que formaba parte de un mundo pleno de espiritualidad y fe, de creencias y leyendas, entenderemos que Benedicto XIII se convirtiera en un imán para la narrativa popular.

En este saber popular, el culto a las reliquias devino un fenómeno infinito de gran relevancia social, económica y cultural. Reliquias que, muchas veces llevaban aparejadas una peregrinación: viajar a un santo lugar para realizar alguna penitencia o rogar por alguna gracia se revelaba para el hombre medieval como una ocasión valiosa para el espíritu. En el mundo, el más renombrado era Jerusalén, y en Europa coexistían Roma, con las reliquias de san Pedro y de san Pablo, y Santiago de Compostela, con la tumba del apóstol.

Sin tener muchas veces mucha relación con unas y otras reliquias, Benedicto XIII se vio envuelto en todo tipo de acontecimientos que rodeaban esta cultura de lo misterioso. Bien es verdad que convivió con la eclosión de dos de las reliquias más apreciadas de la cristiandad, ya referidas: el santo Grial y la tiara de San Silvestre. Pero la narración popular se encargó de unirlo a otras muchas.

En su origen, la Iglesia católica identificó las reliquias con los restos de santos después de su muerte. Más tarde, amplió su significado al considerar el cuerpo entero o cada una de las partes en que se hubiera dividido, aunque fueran muy pequeñas. Con el transcurrir de los siglos, se incluyeron también los ropajes y objetos que pudieran haber pertenecido al santo en cuestión o haber estado en contacto con él, considerados dignos de veneración. Algunos objetos en particular, los de especial significación para la Iglesia, entraron también en este conjunto de restos venerados. Fue el caso de los relacionados directamente con Cristo.

Recordemos, a modo de curiosidad, algunas de las más llamativas y, quizás, menos conocidas de las que están repartidas por todo el orbe: plumas atribuidas a las alas del arcángel san Gabriel, imperecederas al paso del tiempo; una de las saetas con las que se martirizó a san Sebastián; la esponja que sirvió a santa Práxedes para embeber la sangre derramada de los mártires, una pieza que al parecer jamás se lavó; una sandalia de san Pedro; una campana construida a partir de la fundición de una de las treinta monedas de cobre de Judas Iscariote; o la esponja con la que dieron hiel y vinagre a Cristo en la cruz.[110]

Algunas de las más célebres han seguido alimentando el misterio que las rodea. Otras, las que más cerca estuvieron de Benedicto XIII, han entrado a formar parte de la cotidianeidad cultural. Ambos fenómenos han contribuido a ahondar en el perfil enigmático del Papa Luna. Un hecho que impide ver con la claridad que se merece al personaje histórico en su objetividad plena. No obstante, no podemos pasar por alto esta realidad un tanto morbosa que completa la imagen de alguien que ha trascendido la propia historia.

LA TIARA DE SAN SILVESTRE

Pocas reliquias cristianas tiene la suficiente fuerza para convertirse en mitos por sí solas. Reliquias unitarias, no desparramadas a lo largo y ancho del mundo occidental, asociadas en la mayoría de los casos a fuerzas intrigantes que superan la racionalidad del pensamiento humano. El santo Grial, la espada de Longinos, la sábana santa o la santa faz son algunas de ellas.

Luego, en un segundo rango, aparecen aquellas relacionadas de manera directa con Jesucristo pero cuya abundancia ha devaluado el sentido mismo de la reliquia. Son elementos de fe a los que no se ha asociado fuerza divina

---

110 *Cf.* Escolano, G. (1878). *Décadas de la historia de la insigne y coronada ciudad y reino de Valencia* (Vol. 1). Terraza, Aliena y Compañía, pp. 486-488.

alguna pero que han garantizado una adoración y exaltación permanentes. A este escalafón pertenecen las múltiples astillas de la cruz de Cristo, los innumerables clavos, las espinas de la corona, los trozos de la esponja bañada en vinagre, la toallita del niño Jesús y hasta partes del prepucio circuncidado del mesías. Una lista casi tan interminable como increíble de objetos relacionados con el hijo de Dios. Huelga nombrar aquí todo lo relacionado con los santos.

A la primera de las clasificaciones corresponde una reliquia que, además, no tuvo que ver con la madre del emperador Constantino, santa Elena o Flavia Julia Helena, como se la conocía en la época. A ella se asocian la mayor parte de las reliquias cristianas que tienen que ver con Jesús. Casualidad o no, el *boom* de estos *recuerdos* del cristianismo coincidió con la legalización de esta religión en el Imperio romano, en el que pasó a ser un culto libre. Además, el propio emperador se bautizó antes de morir, reforzando el vínculo con la religión de Cristo. No es de extrañar, pues, que su abnegada madre fuera la irradiadora, previo descubrimiento, de tantas reliquias en su viaje a Jerusalén.

Pero volvamos sobre la pieza que nos interesa. Hablamos de la tiara de San Silvestre. Un objeto al nivel del santo Grial pero cuya desaparición ha impedido que llegue a nuestros días como icono del cristianismo. O quizás su misma desaparición haya contribuido al misticismo de este símbolo de poder pontificio.

Nadie podía ser papa si no habían colocado en su cabeza la icónica corona. De qué modo legitimaba el nombramiento este mítico sombrero lo trasluce el hecho de que los pontífices se lo llevaran consigo cuando huyeron de Roma camino de Aviñón, como cuando Benedicto XIII huyó de Aviñón camino de Peñíscola.

Pero ¿qué era esa tiara y, sobre todo, qué contenía o representaba para tener tantísimo valor?

José Luis Micó Buchón ofrece una bonita descripción en su *Liturgia católica*. Ubicando su origen en el camelauco o *camelaucum*, tocado de franela que utilizaban papas, obispos y abades, y considerándola evolución de aquel paralela a la mitra, bonete con el que cubrían su cabeza en las funciones sagradas, afirma: «La *tiara* era un gorro de cuero o de tela usado por los antiguos persas. Ahora la tiera es como una mitra ceñida por tres coronas, terminada en un globo y una cruz; es insignia del papa, usada en momentos solemnes: su coronación, canonizaciones, bendiciones. Es señal de sus poderes de gobernar, enseñar y santificar, confiados al Pontífice, y señala sensiblemente su dignidad. Durante la Edad Media, y hasta el siglo XIX, los pontífices han usado el *camauro*, gorrito de color rojo, ribeteado de piel de armiño, en terciopelo o seda; pero no lo llevaban en los actos litúrgicos».[111]

Los sucesivos trabajos que sobre esta tiara fueron viendo la luz hacen pensar que también Benedicto XIII, un gran mecenas de la orfebrería, acabó introduciendo cambios artísticos en ella. Desde luego, poco tenía que ver la estructura del birrete papal hacia finales del siglo XIII, cuando la simpleza de su decoración lo presentaba dentado y floronado, con la del aragonés. Por medio, bajo el pontificado de Bonifacio VIII, se le había añadido una segunda corona, y hacia 1310, una tercera. Es aquí cuando empieza a tener un aspecto similar al que tuvo en sus manos nuestro biografiado.

Con posterioridad, hasta nuestros días, se han seguido usando tiaras. Sin embargo, ninguna de ellas era la de San Silvestre, la que enraizaba en los orígenes del cristianismo.

En una época de relativa cercanía al Papa Luna, durante el antedicho papado de Bonifacio VIII (1294-1303) se populariza el sobrenombre de «tiara de San Silvestre», en explícita referencia al venerado pontífice. En esos momentos, por orden del papa, se llevan a cabo algunos retoques de interés, como el alargamiento de la capucha del *regnum* o el enriquecimiento del aro con piedras preciosas. La ornamentación de esta prenda se iba incrementando a medida que los nuevos papas mostraban su admiración por ella. Tal era la notoriedad que adquiría el símbolo de poder papal

111   Micó Buchón, J. L. (2004). *Liturgia católica*. San Pablo, pp. 55-56.

que el mismo Bonifacio, ya al final de su papado, le añade un segundo aro.

Como todo en la Edad Media, las intervenciones en la tiara de San Silvestre tenían un objetivo simbólico. Los pontífices habían conferido a la reliquia un valor primordial, lo que debía traducirse también en un elemento de transmisión de mensajes. «La longitud aumentada —escribe Edward Twining— tuvo el significado simbólico de dominio de la *una sancta ecclesia* sobre la tierra y demostró el significado del *unam sanctum* papal [se refiere probablemente a la bula *Unam sanctam*, que Bonifacio VII promulga en 1302]».[112]

Sabemos exactamente cómo era la joya papal gracias al inventario de 1295, segundo año del pontificado de Bonifacio. Aquí, la tiara se describe de forma pormenorizada, dando a entender que había sido enriquecida «con 48 rubíes balas, 72 zafiros, 45 *praxini* o esmeraldas, numerosos pequeños rubíes balas y esmeraldas y 66 grandes perlas».[113] En la cumbre, como punto culminante del objeto, había un gran rubí. Nada que ver esta tiara con la que siglos antes portasen los pontífices.

Tras la muerte del máximo representante de la Iglesia, comenzó el peregrinar de la reliquia. «Bonifacio VIII fue sucedido en 1303 por Benedicto XI, quien llevó la tiara a Perugia».[114] Después, durante el papado de Aviñón, la tiara inició un nuevo periplo viajero. «El arzobispo de Burdeos fue elegido con el título de Clemente V. Sacó la sede papal de Roma y la llevó a Aviñón». No obstante, la importancia de la tiara desde el punto de vista simbólico haría que llegara hasta Lyon para la coronación pontificia del 14 de noviembre de 1305.

La corona se mantuvo como una de las piezas más insignes del tesoro papal, en Aviñón, hasta que el papa Grego-

112 Lord Twining. (1960). *A History of the Crown Jewels of Europe*. B. T. Batsford, p. 337.

113 *Ibid.*, p. 378.

114 *Id.* También se incluye una referencia a la tiara en el trabajo de difusión de la historia que realicé para la Diputación de Castellón. https://www.castillodepeniscola.dipcas.es/es/fichas-del-maestro.html.

rio XI la condujo de regreso a Roma, el 17 de enero de 1377. «En 1378 —sigue Twining—, Roberto de Ginebra fue elegido antipapa [sic] tomando el título de Clemente VII y devolvió la tiara a Aviñón». Allí permaneció también durante el papado de Benedicto XIII, junto a él, prestando la legitimidad que confería al cargo.

Cuando el Papa Luna tuvo que huir de Aviñón a España, presionado por el ejército del rey de Francia, se llevó consigo la tiara de San Silvestre, depositándola en Peñíscola. En la nueva sede pontificia permanecería junto al aragonés y más allá de su figura hasta el final del Cisma. El 27 de julio de 1429, Gil Muñoz entregó, en San Mateo, población cercana a Peñíscola, uno de los tesoros que con más celo guardaba Benedicto XIII. Tras la transmisión de la tiara al cardenal de Foix, legado del papa Martín V, la tiara no volvió a pisar suelo aragonés, al menos que se sepa. Ella fue la rúbrica que exigió el pontífice de Roma para aceptar la abdicación del papa peñiscolano. La tiara y el *Liber censuum*.

La reliquia, que simbolizaba la legitimidad de la cabeza visible de la Iglesia, fue trasladada a Roma en 1429. De la significación de la pieza y de la necesidad que tenía el pontífice italiano de poseerla son reflejo la fiesta y la pomposidad con la que fue recibida a su llega a Ostia. Martín decidió mostrarla como trofeo y la expuso en la basílica de Letrán, donde también residía.

Ironías del destino, la reliquia fue robada a los pocos años, en 1485, después de ser usada por Nicolás V para su coronación. A partir de esa desaparición, nunca más se supo de la tiara de San Silvestre.

Por cierto, poco hemos dicho del hombre de quien recibió su nombre. Silvestre I, papa número 33 de la Iglesia católica entre el 31 de enero de 314 y el 31 de diciembre de 335. Él fue quien primero usó la tiara para la ceremonia de coronación. Y, a partir de Silvestre, todos siguieron celebrando el mismo ritual.

La tradición popular se encargó, con el transcurrir de los años, de atribuir a la reliquia algunos poderes, como el de dotar de vitalidad y longevidad a quien la poseía. Quizás esta circunstancia se debiera al hecho de que Silvestre fue el primer papa de la historia del cristianismo que no murió mártir, sino por su avanzada edad. El caso es que, tras el papado de Benedicto, se popularizó la idea de que realmente confería el poder de la longevidad, puesto que el propio pontífice había vivido 94 años y, como es sabido, sobrevivió a todos sus enemigos hasta Martín V.

Tras la desaparición de la joya, la Iglesia la sustituyó por otra tiara. Nada que ver con la anterior en simbolismo, que no en ornamento. Es el modelo actual, «de forma ovoide y jalonado con tres coronas sucesivas que simbolizan el orden sagrado, la jurisdicción y el magisterio del Papa».[115] Esta es una visión estilizada de lo que tradicionalmente se interpretaba sobre la propiedad de los Estados Pontificios, la superioridad ante los reyes de la tierra y sobre la humanidad. A pesar de su relevancia, simbólica y política, hoy día ya no se usa. El primero en dejar de hacerlo fue Pablo VI. Desde entonces, se exhibe en el altar de San Pedro. Curiosamente, el papa Benedicto XVI, de igual nombre que nuestro protagonista, cambió la tiara del escudo pontificio por una mitra.

El «Liber censuum»

Hemos hablado algunas páginas atrás del interés de la biblioteca del Papa Luna. En ella se encontraban algunos libros de escala vital para la Iglesia, que custodiaba Benedicto XIII por herencia de los papas de Aviñón. Uno de esos documentos, quizás el más importante para la organización de la Iglesia, era el *Liber censuum*. Un manuscrito del que se fueron haciendo distintas copias pero cuyo original estuvo siempre al lado del pontífice. Tan desconocido como trascendental, se convirtió en uno de los primeros documentos en abandonar Aviñón con él y llegar a la nueva sede pontificia: Peñíscola.

---

115   Álvarez, J. (2 de septiembre de 2011). El origen de la tiara papal. *La Brújula Verde*. https://labrujulaverde.com/2011/09/el-origen-de-la-tiara-papal.

El momento justo de la abdicación de Clemente VIII ante el papa de Roma, Martín V, da cuenta del auténtico valor de este volumen de libros. Las dos únicas cosas que perseguía y que demandó con ahínco el papa romano, la tiara de San Silvestre y el *Liber censuum*, le fueron cedidos por Clemente como símbolo de sumisión y entrega del papado a Roma.

El *Liber censuum Romanæ Ecclesiæ* sería algo así como un registro de propiedades de la Iglesia, un censo o registro de titularidad que llegó a tener hasta una treintena de volúmenes. El hecho de que en él se determinasen las propiedades que pertenecían a la Iglesia suponía también que podía controlarse una contabilidad de los ingresos inmobiliarios del papado entre los años 492 y 1192. Como cualquier registro que se preciara, fue actualizado de modo progresivo hasta la llegada de Benedicto XIII. La gran fuerza de estos documentos residía en que su poseedor podía acreditar la propiedad de un bien y, por tanto, reclamar los ingresos correspondientes. Ahí tienen el verdadero objeto de deseo de Martín V: financiación, territorio y poder. No estaba mal el gran tesoro que poblaba las estanterías de la biblioteca peñiscolana.

Repasemos un poco la historia del manuscrito y, observando su trazabilidad, comprenderemos cómo acabó en manos de don Pedro. Aunque su origen pudo remontarse a varios siglos atrás el *Liber censuum* que hoy conocemos es una obra del camarlengo Cencio (futuro Honorio III) compuesta en 1192. Teresa Montecchi Palazzi, que le ha dedicado un amplio estudio, destaca de ella que su parte más original «está compuesta por tres textos escritos por el mismo Cencio o bajo su influencia: una tabla de censos, destinada a facilitar la percepción sistemática y regular de los censos, un *Ordo* que refleja las tradiciones litúrgicas y especifica el papel de la cámara [la flamante Cámara Apostólica] y una crónica pontifical que se inscribe en la tradición histórica del *Liber pontificalis*».[116] Como vemos, un auténtico contable

---

116 Montecchi Palazzi, T. (1984). Cencius camerarius et la formation du «Liber censum» de 1192. *Mélanges de l'Ecole française de Rome* (96)1, pp. 49-93; *résumé.* https://doi.org/10.3406/mefr.1984.2745.

en papel, puesto que, además de las propiedades, recogía también las anotaciones de los diversos movimientos económicos relacionados con la estructura eclesiástica. En la Edad Media había propiedades cuya titularidad estaba clara, pero otras, al igual que ciertas acciones comerciales, quedaban en un limbo si se producía alguna alteración en las partes, algo que solía suceder con cierta frecuencia dada la alta mortalidad de la época. Por tanto, la única forma de consolidar derechos sobre ingresos era el registro escrito.

¿Qué era en puridad el *Liber censuum*? Seis grandes partes distribuidas a lo largo de dieciocho cuaterniones (bifolios): «Primero, la tabla de los censos (cuadernos 1-7); segundo, dos listas de obispados y monasterios inmediatamente sometidos a la Santa Sede (cuaderno 8); tercero, las Mirabilia ["pasajes relativos a las fiestas populares en Roma y una descripción de la ciudad..."] (cuaderno 9); cuarto, el *Ordo romanus* (cuadernos 10 y 11); quinto, dos crónicas de papas (cuadernos 12 y 13); sexto, el cartulario [un gran registro de las propiedades y privilegios de la Iglesia] (cuadernos 14 y 18)».[117]

El propio Censio hablaba de su compilación como «una lista definitiva de aquellos monasterios, hospitales, ciudades, castillos, señoríos... o aquellos reyes o príncipes que pertenecían a la jurisdicción y propiedad de san Pedro y la santa Iglesia romana y debían censo y cuánto debían pagar».[118]

Un registro de estas magnitudes no podía ser único. Cada pontífice extrajo diferentes copias para distribuirlas por las grandes capitales cristianas. Además, cuando se realizaban estos duplicados, solían actualizarse las informaciones según indicaciones de los papas de cada coyuntura. Ello dio pie a que, en la actualidad, existan numerosas copias datadas en épocas y contextos diversos, desde Florencia hasta la biblioteca del Vaticano. Pero solo una era la que contaba con el beneplácito del papado y, por tanto, lo que no estuviera en ella no tenía rango de legitimidad.

---

117 *Ibid.*, p. 51.
118 Robinson, I. S. (1990). *The Papacy, 1073-1198: Continuity and Innovation.* Cambridge University Press, p. 260.

En el momento en que formaba parte de la biblioteca del Papa Luna, el *Liber censuum* alcanzaba los treinta y tres volúmenes. Como comentábamos, toda la cristiandad consideraba estos documentos como los verdaderos, algo que también refrendaron los cronistas de la época, que se refieren a aquellos como los originales que servían de guía a la Iglesia.

Tras el fallecimiento de Benedicto XIII, el libro desapareció misteriosamente. Este hecho fue ocultado durante algún tiempo, de tal suerte que, en el instante de la abdicación de Clemente VIII ante Martín V, en 1429, lo que el primero entregó al segundo fue solo una copia. En la actualidad se desconoce el paradero del supuesto original.

Curioso el destino de las dos grandes reliquias que otorgaban legitimidad a nuestro personaje. Tanto la tiara de San Silvestre como el *Liber censuum* se perdieron y no fueron recuperados jamás.

EL CÓDICE IMPERIAL

La formación académica y profesional de Benedicto XIII fue, ante todo, la de un gran intelectual de su siglo, tal y como ya ha quedado constatado a lo largo de todo el libro. Bastaría comprobar el renombre que adquirió su biblioteca en Peñíscola para entender esta vertiente del personaje. Pero también hay que recordar su formación en la Universidad de Montpellier, donde llegó a ser docente en Derecho Eclesiástico, o su papel de mecenas de distintas disciplinas artísticas.

Si volvemos sobre la biblioteca, encontraremos una fuente inagotable de misterios, historias y anécdotas. El mundo occidental era conocedor del potencial de un espacio que atesoraba en su interior desde textos políticos hasta filosóficos o de medicina, únicos e inestimables. En realidad, delataban el interés y la búsqueda constante de conocimiento del pontífice. En los contenidos de estos manuscritos se deja entrever su formación en derecho, que convirtió su mente a la razón e hizo un maridaje perfecto con una de sus mejores armas: la dialéctica. «Los volúmenes que atesoró «marcan su acercamiento y conversión al humanismo temprano, al igual que sus contemporáneos Carlos V Valois, Juan de Berry, Felipe el Temerario de Borgoña y Alfonso V de Aragón entre otros. Unos bibliófilos a los que conoció, con los que mantenía relaciones e intercambiaba regalos de lujo, como eran en ese momento los códices decorados».[119]

En Roma, relata Laguna Paúl, los papas custodiaban una biblioteca sagrada o *scrinium*, anexa al palacio de Letrán. Ante el peligro de que saquearan esta fuente de conocimiento, Bonifacio VIII decidió inventariarla en 1295, justo cuando Aviñón iba a convertirse en sede pontificia y los papas habían resuelto abandonar Roma, llevándose consigo todas las pertenencias. Archivos, libros y tesoro pontificio llegaron casi íntegros al mandato de Benedicto XIII.

Con la salida del Papa Luna de Aviñón, se procuró el traslado de los libros más preciados, tal y como se constata en la ordenación de la biblioteca de Aviñón llevada a cabo en 1407. Algunos volúmenes empezaron a salir en dirección a Peñíscola cuatro años antes, como la Biblia boloñesa, la Biblia de los papas de Aviñón o la Crónica de Ptolomeo de Luca. Pero es a partir de 1409 cuando procede al traslado de la mayoría de los libros. En la documentación de la mudanza se asegura que fueron 337 libros dispuestos en fardos. Entre estos salieron el *Soliloquium anime penitentis* y un tratado sobre arquitectura de Vitruvio.[120] Como podemos observar, no se trata solo de la cantidad de ejemplares, sino de la calidad de los mismos. La entidad de los volúmenes determinó su traslado, algo que no hubiera ocurrido en cualquier otra circunstancia. Pero la biblioteca pontificia seguía a los papas allí donde se establecieran. De Roma a Aviñón, de Aviñón a Peñíscola y de esta a Roma.

119 Laguna Paúl, T. (1994). La biblioteca de Benedicto XIII. En Sesma Muñoz, J. A. (Coord.). *Benedicto XIII, el Papa Luna: muestra de documentación histórica aragonesa en conmemoración del sexto centenario de la elección papal de don Pedro Martínez de Luna.* Gobierno de Aragón, p. 75.
120 *Ibid.*, pp. 81-82.

Ya en el castillo, los volúmenes fueron distribuidos en una gran librería confeccionada para la ocasión, sobre todo en la librería mayor, el *studium* y la cámara del papa. Tras la muerte de Benedicto, se llegaron a inventariar alrededor de mil quinientos ejemplares. Puede que esta cifra se quede corta, a tenor de los últimos estudios. La biblioteca, que estaba situada cerca de la parte del castillo que fue derribada durante la guerra de la Independencia, habría llegado a alcanzar en algún instante los 2500 ejemplares.

La importancia intelectual de esta biblioteca fue admitida por aliados y enemigos, entre quienes se repartieron algunos de los manuscritos tras la muerte del Papa Luna. No obstante, la biblioteca de Benedicto XIII ha pasado a la historia por albergar diversos volúmenes con una historia peculiar, como el *Liber censuum* o el Códice de Constantino.

Del primero, como hemos expuesto en el punto anterior, se tiene constancia por su gran valor administrativo para la Iglesia, puesto que contenía la relación de todos los bienes existentes entonces. Permitía el cobro de impuestos y la recaudación de bienes, lo que explica por qué se lo disputaban los pontífices en liza durante el Cisma de Occidente.

El segundo de los manuscritos ha trascendido a la historia envuelto en una bruma de misterio que ha tendido a eclipsar el valor propio de la biblioteca completa. No hay que confundir este supuesto códice con otro también famoso, el de la Donación de Constantino, que fue un decreto imperial apócrifo atribuido al emperador; en él se reconocía como soberano al papa Silvestre I (el de la tiara de San Silvestre, que hemos abordado previamente) y se le otorgaban como donación la ciudad de Roma, las provincias italianas y todo el Imperio romano occidental, que conformaban en conjunto «el Patrimonio de San Pedro». El filósofo Lorenzo Valla, al parecer de la corte Alfonso el Magnánimo, demostró en 1440 que se trataba de una falsificación con un certero análisis histórico y lingüístico.[121] Con todo, ya se había

---

121 *Cf.* Escobar, Pedro. V. (1996). *Eclesiología II: guía de estudio.* Universidad Iberoamericana, p. 52.

consolidado la idea de que el papa tenía también dominios terrenales y, por tanto, podía mirar de tú a tú a cualquier soberano; en esta Donación podríamos ver reflejadas las disputas posteriores sobre los dominios papales en los que tan decisivo papel jugó César Borgia. En cualquier caso, remarcamos, no es este el códice en el que hemos de centrarnos.

Tras fallecer el Papa Luna se extendió la idea de que otro de los supuestos códices imperiales, con información sensible para la Iglesia, había desaparecido. La noticia no hizo más que crecer hasta convertirse en leyenda. El «códice imperial» al que nos referimos era un enigmático pergamino escrito supuestamente por el emperador Constantino, tan sagrado como prohibido y que solo podían hojear los papas y sus más allegados cancilleres. Su contenido era de vital trascendencia para la perpetuación de la Iglesia, por lo que tanto las tres cortes papales del Cisma como los grandes reyes de la época anhelaban su posesión. Como ven, entramos ya en el resbaladizo terreno de lo misterioso.

Se conocen pocos detalles sobre el papiro, aunque algunos lo suficientemente interesantes como para alimentar la leyenda. Parece ser que estaba guardado en una cánula de oro y depositado a buen recaudo entre el tesoro papal. Como todo misterio que se precie, era custodiado y mantenido en secreto, puesto que la lectura del mismo hacía vacilar la fe de cuantos lo abordaban.

Según la tradición, este códice permaneció en poder de Benedicto XIII desde que accedió al papado y no se desprendió de él nunca. Tras su muerte, diversos emisarios de los pontífices cismáticos y de los reyes de Francia y el Sacro Imperio trataron de hacerse con él, pero ninguno lo consiguió. La persecución del manuscrito se recrudeció. Se removió Roma con Santiago para poder dar con el supuesto tesoro. Casi ninguna piedra del castillo y las estancias papales se libraron de la exploración. Por supuesto, la biblioteca fue el primer espacio que acogió las pesquisas, alimentadas tanto desde dentro del círculo cercano al papa como desde fuera. Martín V fue uno de los personajes obsesionados con el libro.

Nacía un misterio que lo acompañaría a lo largo de los siglos y que, poco a poco, se diluiría como consecuencia lógica del paso del tiempo.

EL CUERPO INCORRUPTO DEL PAPA LUNA Y SU TESORO

De la vida del Papa Luna hemos hablado largo y tendido, con las controversias políticas, culturales, económicas y religiosas que lo rodearon. Todas ellas dentro del ámbito del debate histórico y racional que ofrece la investigación biográfica de un gran personaje como este. Sin embargo, no puede pasarse por alto que el deceso de nuestro protagonista ha suscitado posteriormente toda una nube de enigmas e intrigas que no ha hecho sino crecer a costa del propio personaje. Si lo que lo rodeó, códices o tesoros, fueron y son indudables protagonistas del misterio, la muerte misma de Benedicto XIII se reveló como la primera piedra sobre la que se edificaría el mito enigmático del aragonés.

Vayamos al hecho mismo. A pesar de la muerte física del papa, su cuerpo se mantuvo aún dos meses oculto en el castillo de Peñíscola, sin que la noticia fuese divulgada a ninguna persona. El hecho en sí podría dar ya para mucho. Las circunstancias que rodeaban históricamente a la desaparición de un pontífice, unidas a la propia polémica de la vida del personaje, hicieron de la prevención una gran arma.

Durante ese par de meses, dos personas de confianza, sus cardenales Carrier y Bonnefoi, se dedicaron a prepararlo todo para convocar un concilio que eligiera nuevo papa y para evitar que saqueasen el castillo. Desde los últimos años de pontificado romano, cada vez que fallecía el máximo representante de la Iglesia, como no había ningún hijo legal que heredase sus pertenencias, se solían saquear los palacios y propiedades del finado. Una práctica que se había convertido en costumbre y que aseguraba al nuevo papa que el pueblo estuviera contento e iniciar así su mandato con el beneplácito universal.

Los dos cardenales, los más fieles de los cuatro que componían el colegio cardenalicio, habían servido durante años al pontífice aragonés. No obstante, a pesar del trabajo común, Carrier, que creía firmemente en los mensajes morales de su santidad, veía en Bonnefoi un advenedizo sin convicciones éticas.

En el tiempo que mantuvieron escondido el cuerpo, ambos recogieron cualquier cosa que tuviera valor. Hicieron también acopio de todos los libros y escrituras del Papa Luna. Dieron órdenes a la guardia personal del pontífice, que estaba dirigida por su sobrino don Rodrigo de Luna, para que se prepararan caballos, barcos y hasta pasadizos especiales por si tenían que huir corriendo ante el ataque de las tropas del emperador alemán, Segismundo de Luxemburgo, o de los mercenarios del papa de Roma, Martín V.

Cuando lo tenían todo preparado, uno de ellos, el cardenal Bonnefoi, huyó con parte del tesoro que habían escondido y que querían preservar de los posibles ataques externos. Huyó y dejó solo al cardenal Carrier, que tuvo que hacerse cargo del legado papal. Posteriormente. el último de los seguidores de Benedicto XIII dio a conocer el óbito del sumo pontífice.

El mito del tesoro del Papa Luna se ha extendido durante siglos por las referencias bibliográficas que hablan de su existencia. Al parecer, dicho tesoro habría sido escondido en el interior de la roca de Peñíscola, en alguno de sus numerosos pasadizos. No es de extrañar que se popularizasen estas historias, puesto que la roca peñiscolana tiene tradición de ser un buen escondite. Las características geológicas de los cimientos del castillo así lo atestiguan. Entre la propia roca que sustenta el castillo y sus alrededores hay constatados, al menos, doce manantiales que surgen en diversos puntos. Hoy día se pueden visitar algunos, como el de la Font de Dins (el de mayor caudal: tanta agua brota de él que sale por diversos puntos de la muralla de la Fuente y la batería de Santa Ana) o el de la Font de Sant Pere (en la base del célebre Bufador, visita turística obligada).

Además de estos manantiales, la roca de Peñíscola «está tejida en sus entrañas por un desconocido laberinto formado por decenas de grutas submarinas».[122] Muchas de ellas no han sido investigadas aún y su longitud, su profundidad y sus rasgos principales son una incógnita. Sí son visibles las cuevas del Altar, de la Plaza y del Bufador.

Durante los últimos veinte años, diversos investigadores y aficionados han intentado dar con el mencionado tesoro, aunque sin fortuna.

El milagro del mar

Un personaje de la trascendencia histórica de Benedicto XIII, al que la población, a través del tiempo, ha visto siempre con simpatía, logra mantenerse incólume al paso de los siglos. Su figura acaba llenándose de mitos, leyendas y hasta milagros. El origen eclesiástico del protagonista no hizo sino abonar esto último. Milagros travestidos de hazañas sobrenaturales, pero milagros, al fin y al cabo.

Uno de ellos, siquiera el más famoso, hace referencia a su huida de Aviñón. Cuando en 1411, el papa Martín V lo excomulgó, lo invitó a abandonar el papado y someterse a la voluntad de la Iglesia romana. Benedicto XIII, en efecto, dejó Aviñón como sede pontificia y se trasladó a Peñíscola, donde fijó su residencia y desde allí se dispuso a pilotar el rumbo de la cristiandad.

La leyenda cuenta que salió de Francia desde el puerto francés de Colliure en medio de una insufrible tormenta. El papa imploró a Dios el cese de la peligrosa inclemencia meteorológica prometiendo erigirse, en caso de que este se produjese, en papa legítimo. El mar se calmó, el viento cesó y la imparable tormenta, misteriosamente, se apaciguó. En ese preciso instante, Benedicto XIII, convencido de su cargo, gritó: «¡Yo soy papa!».

---

122 Melià i Bomboí, V. (2010). *Juicio al Papa Luna. El anillo del Rey Pescador.* Autoedición, p. 101.

Bueno, no es la primera vez que en la historia de la humanidad se atribuye a un ser humano el poder de calmar la meteorología, y más, relacionada con el mar. Sea o no cierta, merece la pena ser recordada porque fue una de las historias que más gustaban de contar en el siglo xv los habitantes de Peñíscola.

¿Por qué el sobrenombre de «Papa Luna»?

Puede parecer una pregunta retórica, pero es un ejemplo de cómo el nombre se ha superpuesto al significado. Evidentemente, Luna por su apellido: Pedro Martínez de Luna. Pero ¿qué hizo que trascendiera ese y no otro sobrenombre?

Desde luego, la familia Luna es, quizás, la saga más importante de los siglos xiv y xv en el conjunto de España, no solo en la corona de Aragón. Su origen se sitúa en la población de Luna, en la comarca de las Cinco Villas, al noroeste de Zaragoza, más cerca de Huesca que de la capital aragonesa. Con el tiempo, daría origen a un condado.

Curiosas también son las raíces mismas del apellido. Ángel Conte Cazcarro[123] habla de don Bahacala como el primer responsable conocido de la Orden del Temple en Luna y, según apunta, ese era también el nombre de «uno de los primeros Luna, Banzo Azcón, conocido como Baccala», a quien, en 1093, Sancho Ramírez le concedió un terreno para levantar una fortaleza allí, presumiblemente en agradecimiento a sus méritos en la toma de la villa. De nuevo, los templarios, que parecen inundarlo todo en la vida de los Luna y de la casa real aragonesa. La propiedad de este enclave permitió también iniciar la repoblación y consolidar un dominio que se ampliaría rápidamente.

Son los inicios de un apellido que llegaría a dar hasta tres ramas diferentes y que ocuparía cargos de responsabilidad en las centurias mencionadas. No solo llegaría al papado,

---

123   Conte Cazcarro, Á. (1979). La casa templaria de Luna y su dependencia de la encomienda oscense. *Argensola* (87), p. 12.

sino que tocaría también la realeza de la mano de la ya presentada María de Luna, casada con Martín el Humano; su descendiente, Fadrique, sería aspirante al trono de Aragón en el Compromiso de Caspe, pero moriría envenenado en Castilla. Y ya hemos hablado largo y tendido de Álvaro y Rodrigo, los sobrinos de Pedro Martínez de Luna. Más allá de ellos, diferentes miembros de la familia ostentaron cargos por todo el territorio peninsular, desde el arzobispado de Zaragoza a Toledo. Hay que recordar que Rodrigo de Luna, tras la muerte de su tío, se incorporó al servicio de Juan II y luchó contra los musulmanes en el sur de la penínsua: este hecho favoreció también el fortalecimiento del linaje en puestos de relevancia en Castilla.

La identificación de Benedicto con su apellido sería, pues, plena, en el sentido más amplio. La luna pasó a ser el símbolo permanente en todo lo que le rodeaba. Lunas por todas partes en su castillo, en su escudo, en sus ropajes, en sus escritos. Benedicto reafirmó constantemente la defensa de la herencia familiar y usó su capacidad de presión para colocar a cuantos miembros pudo. Pensaba, y no fue desencaminado, que eran garantía de fidelidad.

UNA VIDA AUSTERA Y HUMILDE

El pontífice destacó durante su vida, tanto para sus contemporáneos como para los historiadores posteriores, como un hombre austero, casto y humilde. Lo que definió a Benedicto XIII, para aliados y enemigos, fue, como se ha probado, su carácter insobornable, su rectitud moral y su integridad personal.

El discurso fue parejo a su forma de vida material. No hay más que visitar el castillo para darnos cuenta de esta austeridad. La contraposición a Martín V realza aún más la disparidad de los rasgos que definieron a uno y otro.

El palacio no tiene grandes lujos ni sus dimensiones son extraordinarias. Las recepciones oficiales las llevaba a cabo en un habitáculo de escasas dimensiones para lo que sus contemporáneos solían disfrutar. A él daba una puerta exterior que lo conectaba con un pequeño balcón ante el cual se abría el mar y desde el que divisaba, con días de antelación, todos los barcos que osaban acercarse a Peñíscola. Por lo demás, la biblioteca, que estaría probablemente a dos alturas, y una estancia para recibir visitas privadas. La decoración, casi ausente. En definitiva, un tipo de vida muy monacal, muy benedictino, muy al estilo templario.

Las reformas que se emprendieron tuvieron más que ver con la adaptación de la fortaleza templaria a las funciones de sede papal que con un intento de embellecer superficialmente el edificio. No hacía ostentación de grandes tesoros, ni cuadros, ni lámparas, ni tapices. Es más, como típica fortificación templaria, las estancias estaban cubiertas por unas baldosas de arcilla marrón, de tamaño no superior a una cuartilla; cuando los legados extranjeros y representantes de otras cancillerías visitaban el castillo-palacio, se quedaban sorprendidos por la ausencia de materiales nobles como el mármol o sillares graníticos. «No obstante, este tipo de suelo, de mejor calidad en la época en la que fue construido, se cubría, la mayor parte de las ocasiones, bien por alfombras que contenían diversidad de dibujos, bien por esterillas de color que daban a las salas una imagen diferente al actual y que escondían a la vista de todos los azulejos arcillosos».[124]

La vida humilde del papa no debe extrañarnos precisamente si consideramos sus implicaciones templarias. En este sentido, hay que recordar que los integrantes de la Orden del Temple «dividían su vida entre la oración y la guerra, en el silencio y la austeridad, el coraje y la disciplina».[125] La formación en esos principios, llevados incluso a lo espiritual, confería a los templarios su fortaleza. Este motor, como en la orden benedictina, daba sentido a la lucha del Papa Luna.

---

124 De nuestras «fichas del maestro» para la Diputación de Castellón. https://www. castillodepeniscola.dipcas.es/es/fichas-del-maestro.html.
125 La historia de los Templarios. (s.f.). *Route des Templers* [blog]. https:// www. templars-route.eu/es/la-historia-de-los-templarios/.

La batalla feroz y continua que sostuvo contra sus enemigos hizo extenderse entre el saber popular la expresión «mantenerse en sus trece»[126] y sus derivadas, evocando el ejemplo de intransigencia de Benedicto XIII al no renunciar a su condición de papa.

El Papa Luna reiteró su negativa a ceder en cuantas ocasiones tuvo por delante. Lo hizo en Morella, frente al rey de Aragón, en 1414. Lo repitió, meses mas tarde, en Perpiñán, frente al emperador del Sacro Imperio Romano Germánico. Lo ratificó frente a su amigo san Vicente Ferrer, ante el rey Alfonso el Magnánimo y ante la misma María de Castilla, reina de Aragón, uno de sus apoyos más firmes:

Defendió su derecho a ocupar el trono de san Pedro hasta sus últimos días. Incluso nombró cardenales para que pudiese convocarse un colegio cardenalicio a su muerte, algo conferido exclusivamente a los pontífices.

En cada oportunidad que tuvo, se reafirmó como el papa legítimo y expresó su deseo de terminar con el Cisma de Occidente. Actuó como un pontífice en el sentido integral del término, no limitándose a los movimientos políticos que comportaba el cargo y que fueron el motor de sus *alter ego* en Roma.

Todo ello le valió la caricaturización popular de hombre testaurdo cabezón que mantenía sus decisiones más allá del tiempo y la razón. Precisamente esta fue el núcleo constante de la argumentación para sostener su legalidad. Pese a ello, la historia ha legado una imagen de oscura imperturbabilidad y ofuscamiento, más que de perseveranacia y empeño, para quien hoy osa manifestarse y perseverar *en sus trece*.

---

126 Díez Borque, J. M.ª. (Coord.). (1980). *Historia de la literatura española* (Vol. 1). Taurus, p. 167.

Ratas como alimento

Las vicisitudes por las que tuvo que pasar el Papa Luna a lo largo de su mandato, sobre todo en sus últimos años, lo llevaron desde la comodidad amparada por su propia familia hasta límites de extrema austeridad. Uno de los episodios más duros por los que tuvo que pasar fue el abandono de Aviñón. Jamás un pontífice, desde san Silvestre, en el siglo IV, se enfrentó con tanta entereza y pasó tantas dificultades para defender su derecho al papado como Benedicto XIII ante el rey de Francia.

El cambio de alianzas había logrado que el monarca francés apoyase al papa de Roma frente al pontífice de Aviñón durante el Cisma de Occidente. El aragonés representaba a la corona de Aragón, enemigo principal del galo. Ante esta situación, las tropas del rey de Francia se dirigieron hacia la fortaleza aviñonesa y, incapaces de asaltarla, decidieron asediarla. En su interior, el Papa Luna se había hecho fuerte, apoyado por sus fieles y con la ayuda de un pequeño grupo de soldados comandados por Rodrigo de Luna.

Mientras duró el asedio, los víveres del palacio donde estaban atrincherados fueron menguando. Pasaron los meses y, ya en el último tramo de la defensa, para poder sobrevivir, el papa y los suyos tuvieron que comer ratas, gatos y gorriones. Al decir de los cronistas, estos últimos eran los que más gustaban al pontífice. La situación de extrema debilidad condujo al impertérrito santo padre y a sus defensores a procurarse la supervivencia de cualquier forma. Benedicto XIII no quiso ceder en su lucha ante el rey de Francia y demostró estar dispuesto a combatir con los suyos hasta el último aliento.

El papa, como es sabido, logró romper el cerco, huir de Aviñón y poner rumbo a la corona de Aragón en 1403.

Escapó por un pasadizo y disfrazado

En este episodio del asedio de Aviñón se produjeron más anécdotas que pasarían a la posteridad y se popularizarían entre la población que le fue fiel. Entre ellas destacó la imaginación y habilidad con la que lograron romper el cerco francés y huir del palacio-fortaleza, una forma de humillar al monarca galo Carlos VII ante toda la cristiandad.

El Papa Luna, junto a sus hombres, planeó la huida con meticulosidad. La vigilancia a la que sometía el ejército real al palacio obligó a que buscasen la oscuridad de la noche y la parte más angosta. Con sus propias manos, abrieron, en la parte baja de la fortaleza, un reducido orificio a modo de puerta. Los trabajos llevaron varios días, puesto que tuvieron que retirar sillares de gran tamaño para disponer de un hueco por el que cruzar. Cuatro hombres, entre los que se encontraba Benedicto XIII, se deslizaron por la oquedad artificial hacia el río. Para mayor seguridad, y al objeto de evitar ser reconocido, el Papa Luna adoptó la vestimenta de un fraile cartujo, cuyo atuendo oscuro se camuflaba mejor en lo oscuro. Disfrazado, famélico, mal alimentado, pero con la inteligencia aún intacta.

Una vez fuera de la fortaleza, tomaron una embarcación en la oscuridad de la noche y navegaron río abajo por el Ródano. Cuando su periplo terminó en Marsella, cogieron un barco en dirección a Aragón.

La leyenda de las escaleras que daban al mar

La visión del castillo de Peñíscola siempre es de abajo hacia arriba. En ese caminar esforzado hacia la fortaleza, por las calles encajadas entre las murallas, cerca de la llamada Casa de las Conchas, nos encontraremos el faro. Una vez allí, aunque no está permitido bajar ni circular por ella, junto a la fachada de la casa del farero se halla la famosa «escalera del Papa Luna». Estos peldaños, que pueden divisarse también desde el mar, están labrados en la roca viva y descienden a un embarcadero natural. En realidad, es un saliente de aproximadamente 64 metros sobre el nivel del mar. Pero esto solo es visible desde el agua.

La escalera suma un total de diecisiete escalones y proporciona acceso al mar Mediterráneo desde el castillo, con un recorrido aproximado de 100 metros y una altitud de 40 metros sobre el nivel del mar.

Cuenta la leyenda que el papa Benedicto XIII, deprimido por la sobrevenida deslealtad de quienes lo habían apoyado durante toda su lucha, decidió descender hasta el mar para enjugar sus lágrimas y, para ello, esculpió él mismo en la piedra, durante una sola noche, la escalera que le permitiría acceder al mar. A pesar de su avanzadísima edad, nonagenario, lo consiguió. Pero, a cambio de esa ayuda sobrenatural que recibió, hubo de perder su anillo papal, una valiosa joya que se hundió en las saladas aguas y que nadie ha logrado encontrar desde entonces.

Otra versión extendida de la misma leyenda asegura que el papa descendió por la escalera recién construida y subió a bordo de su galera Santa Ventura. En su mano llevaba la cruz procesional que le habían regalado los orfebres valencianos con motivo de su ascensión al papado. Sabedor de que iba a obrar un milagro, dirigió el báculo hacia el horizonte y, para asombro de todos, el navío se elevó sobre las aguas del Mediterráneo y voló directo a Roma. El viaje duró una sola noche. Una vez en la Ciudad Eterna, se presentó ante el pontífice romano, Martín V, y, sin mediar más palabra, le espetó: «¡El verdadero papa soy yo!».

EL MILAGRO DE LAS ARAÑAS

La beatificación y posterior santificación de un cristiano debe venir avalada siempre por la realización de algún tipo de milagro que respalde su nuevo estatus. Pese a que Benedicto XIII no ha llegado nunca a ser santo, el pueblo, siempre dispuesto a mantener la memoria de sus héroes, lo ha tratado como si así fuera. No solo se le ora, sino que también se le atribuyen, como se ha indicado, milagros variados.

En uno de entre los muchos que la tradición popular le ha adjudicado y que también se le atribuyen históricamente al papa se asegura que, en una ocasión, los vecinos se alarmaron más de lo habitual por la propagación de una plaga de arañas.

El foco inicial era la iglesia de la Mare de Déu de l'Ermitana (en la misma ciudad de Peñíscola y próxima al castillo), que, según parecía, estaba ya tomada por estos insectos. Quienes vivían alrededor fueron los primeros en dar el aviso, al temer que la plaga se extendiera por las viviendas de toda la fortaleza. De modo que no dudaron en correr y pedir ayuda y socorro al mismísimo Papa Luna.

Era una época sin pesticidas, por lo que los bichos se escapaban con rapidez. Benedicto, admirado por los vecinos y siempre dispuesto a corresponder a ese cariño, acudió en su ayuda. El pequeño templo, que en esa época estaba custodiado por monjes, abrió sus puertas al papa. Lo recibieron los mismos monjes y lo llevaron al interior para que pusiera fin a aquella invasión.

Al igual que hiciera san Vicente Ferrer, Benedicto XIII obró el milagro utilizando la fuerza exclusiva de la palabra. De su boca salieron las frases específicas, que nadie pudo escuchar, para que aquellas molestas arañas desaparecieran. Y diríase que lo logró, puesto que la población celebró la desaparición a los pocos días.

OLOR CELESTIAL

Los sentidos. Esa parte tan interesante del ser humano que amplifica nuestros pensamientos. Entre ellos, el olfato. Quién diría que también él ha formado parte de la santificación cristiana. Contraponer el desagradable olor de la muerte, de la putrefacción del cuerpo humano, al aroma grato y delicioso de la naturaleza era un signo de excelencia, de anormalidad, de misticismo; de santidad, en definitiva.

Así que, en el proceso de beatificación y subida a los altares del pontífice, la población le atribuyó también el milagro de los sentidos, del sentido olfativo. Por si hubiera alguna duda, hasta en tres ocasiones se habla del olor como un signo celestial sobre el Papa Luna. Parece como si el pontífice hablara también a sus feligreses después de muerto, a través de la nariz. Con olores que no siempre eran agradables; podían no serlo. Está claro que el buen aroma, como el que se describe en las calles de Peñíscola o Illueca, hace referencia directa al papa. Pero, incluso cuando es malo, su significado es provechoso para él. Eso es, quizás, lo más llamativo del caso. Este fenómeno, en relación con el aragonés, se manifiesta en que se aprecia buen o mal olor en función de si la circunstancia es positiva o no para el nombre del pontífice.

El 23 de mayo de 1423, «justo el día en que su sucesor Clemente VIII fuera nombrado papa... "en el cónclave y en todo Peñíscola se extendió un olor fétido y durante varias noches un macho cabrío vagó por las terrazas del castillo"»[127]. Parece que la elección de Clemente no gustó mucho a don Pedro, que reaccionó así desde su tumba.

Más benévolo se mostró, como decíamos, el mismo día en que se dio a conocer la noticia de su fallecimiento en Peñíscola o en el del traslado del cuerpo a Illueca. En ambas poblaciones, según las crónicas de estos sucesos, los vecinos pudieron percibir una agradable fragancia que lo invadía todo a su paso y que permaneció junto a la momia una vez instalada en el palacio de esta última población.

---

127   Condill, R. *Loc. cit.*

Conclusión

Benedicto XII: arquitecto o constructor

La historia ha podido estar condicionada, a lo largo de los tiempos, por esos personajes que, de una u otra forma, guiaron en ciertos momentos a la sociedad que los rodeó. Momentos exclusivos, personas determinantes que lograron variar el devenir social para alumbrar un nuevo rumbo. Sin embargo, al analizar la obra que ellos desarrollaron, al buscar una valoración de su legado, observamos cómo este ha cambiado a lo largo de los siglos en función de las interpretaciones realizadas con posterioridad. El presente mediatiza, por desgracia, el pasado. En esta permanente revisión de la historia, algunos han quedado olvidados y otros han visto cómo su herencia se reducía a lo simple y anecdótico. En este último grupo habría que encajar a Benedicto XIII, a don Pedro Martínez de Luna.

Lo menos trascendente de esta figura histórica es lo que sobresale en el subconsciente de la sociedad actual, que olvida o desconoce el papel primordial que jugó, no ya en su propio tiempo, sino en el devenir posterior de la península ibérica y, quizás, también de Europa.

Don Pedro Martínez de Luna fue pieza clave, fundamental, en la configuración de la actual España. Pongamos un ejemplo: este país, Estado o nación, como gusten ustedes denominarlo, ha vuelto sus ojos de modo habitual sobre los Reyes Católicos. Ellos unieron las dos principales coronas peninsulares, configurando el espacio común geopolítico que hoy disfrutamos. Pero ¿volveríamos los ojos con igual intensidad a ellos si Portugal siguiera perteneciendo a nuestro mismo espacio común? Si así fuera, la historia se hubiera postrado ante Felipe II, unificador del reino peninsular que tanto ansiaban nuestros antepasados. Un proyecto sociológico que trataba de recuperar el antiguo reino visigodo o a la Hispania romana. Como las circunstancias hicieron que Felipe IV perdiera tierras lusitanas, el prisma de la historia ha colocado a Isabel y Fernando en el foco máximo de atención.

Lo mismo ocurre con Benedicto XIII. El foco de atención se ha desplazado hacia los Reyes Católicos sin tener en cuenta quién propició el hecho mismo de la unificación. ¿El matrimonio de Isabel y Fernando fue el final o el inicio de un proceso? Ese es el matiz más importante que debemos analizar. Los mismos hechos acontecidos con Isabel y Fernando podían haberse adelantado con el enlace de sus tíos, María de Castilla y Alfonso el Magnánimo, pero murieron sin descendencia y los reyes de Aragón no pudieron tutelar la unión. De esta manera, el proyecto saltó una generación, pero la unificación peninsular fue consecuencia de un plan diseñado mucho antes del matrimonio de Isabel de Castilla y Fernando de Aragón. ¿Dónde está el movimiento inicial para que esto se convirtiera en una realidad?

Sería necesario razonarlo en un ensayo aparte, pero parece evidente que la idea territorial de un todo peninsular subyacía en el imaginario sociológico desde tiempos de la conquista romana. Esta idea vino a reforzarse con la etapa visigoda e, incluso, con la invasión musulmana. Así, en el proceso de reconquista, desde todos los reinos, lanzados contra los musulmanes, prevalecía la idea de recuperar el territorio que le habían arrebatado al rey don Rodrigo.

Las raíces sociológicas del territorio común peninsular existían. Había un recuerdo de espacio común compartido. No obstante, quién iba a tutelar ese proceso de reconstrucción. Mientras los distintos reinos peninsulares estuvieran ocupados en consolidar su territorialidad, incluso contra los exiguos restos musulmanes del reino nazarí, no podía plantearse una unificación. Salvo que esta construcción fuera externa a los propios poderes en liza.

Benedicto XIII fue ese gran constructor de la unidad peninsular. Podría matizarse que también participara en el proceso como arquitecto, pero es quien lleva a la práctica las ideas que se habían ido forjando años atrás. ¿De qué ideas hablamos? De la creación de ese gran reino en Occidente capaz de enfrentarse a los musulmanes en Oriente. ¿Les suena a algo? Por supuesto que sí. Es el mismo objetivo intrínseco de la Orden del Temple. También de otras órdenes de caballería medievales fundadas en la misma época, alguna de las cuales confluirá en la figura del Papa Luna.

El desarrollo intelectual de este proyecto se fraguó durante décadas, aunque no pudo materializarse hasta la Baja Edad Media. Don Pedro Martínez de Luna recogía el guante de una dinastía real, la de Aragón, acunada por el Temple desde Jaime I el Conquistador. El dominio de la casa real por los templarios forjó que estos abandonasen a Francia como núcleo generador de ese gran reino occidental frente al mundo árabe. Es más que una casualidad que, a partir de entonces, los roces entre ambas coronas se intensificasen y el rey galo Felipe III llegase a lanzar una cruzada contra la corona de Aragón entre 1284 y 1286. La consecuencia del abandono templario al rey galo fue la destrucción y persecución de la orden en Francia. Algo que no sucedió en territorio aragonés, sino más bien lo contrario.

Desde ese instante, los acontecimientos no avanzan todo lo rápido que hubiese cabido esperar, hasta la aparición de don Pedro Martínez de Luna en el centro del tablero diplomático. A un lado se situaba Castilla, donde facilitó el ascenso de los Trastámara al trono. Tras ser derrotado Enrique por las fuerzas de su hermanastro, Pedro el Cruel, en una de las innumerables guerras entre ambos, aparece el hermano mayor del futuro Benedicto XIII, Álvaro Martínez de Luna, para ayudar al Trastámara a llegar hasta la frontera francesa. Allí recoge el testigo don Pedro Martínez de Luna, ya bien situado en la corte de Aviñón, y lo lleva ante el rey de Francia. Enrique logra los apoyos de un ejército de mercenarios con los que volverá sobre Castilla, vencerá a Pedro el Cruel e instaurará una nueva dinastía regia.

En 1366 subía al trono Enrique y, en 1411, su nieto Fernando de Antequera hacía lo propio en la corona de Aragón. Su valedor, quien logró que se impusiera en Caspe al resto de candidatos, no fue otro que el papa Benedicto XIII. Lograba, con ello, fortalecer los lazos de unión entre ambos territorios. Era el otro lado del tablero al que antes nos referíamos. Ambos, dominados por don Pedro.

Durante el tiempo que transcurre entre la subida al trono de uno y otro Trastámara, don Pedro Martínez de Luna tuvo la oportunidad de desplegar una actividad asombrosamente intensa tanto en Castilla como en Aragón. Como legado papal, actuó durante más de una década en Castilla posicionando, como se ha narrado, a hombres de su confianza en puestos destacados de la jerarquía eclesiástica e interviniendo en los procesos de gobierno de la monarquía.

Es el momento de mayor actividad de don Pedro, cuya concepción global del ejercicio del poder lo lleva a concebir la cimentación de su universo también desde el punto de vista del conocimiento, algo singular y diferenciador con respecto a otros pontífices y reyes. Benedicto estuvo vinculado con la fundación de la prestigiosa Universidad de Saint Andrews de Escocia, así como con la de Montpellier, donde llegó a dar clases de Derecho. También apoyó la fundación —con el padre Jofré— del primer hospital de salud mental de Europa, el Hospital de Ntra. Sra. Santa María de los Inocentes de Valencia, donde nació la veneración a la Virgen de los Desamparados. Bajo su papado, san Vicente fundó el colegio de acogida de niños huérfanos; y su intervención fue clave en la fundación y consolidación de las Escuelas Mayores de la Universidad de Salamanca.

Desde el punto de vista político, el tiempo que ejerció como legado en Castilla lo convirtió en una pieza influyente en el ámbito de las decisiones de la realeza. Baste considerar, como ejemplo, esencial función en la conquista de las islas Canarias para la corona de Castilla a través de Robin de Bracquemont. Bracquemont ya era un personaje influyente en la corte de Castilla, pero con anterioridad aparece apoyando a Pedro Martínez de Luna en la protección del Trastámara Enrique II en el contexto de la guerra de los dos Pedros. Pasados los años, la relación con don Pedro se estrechará hasta eregirse en el encargado de la guardia del papa en Aviñón y liderar la huida de la ciudad por parte de Benedicto XIII cuando fue asediada por los franceses.

Robin se establecerá en Castilla y llegará a ser almirante. Cuando su primo, Jean de Bethancourt, descubre y conquista las Canarias, su vínculo con Robin y el Papa Luna favorecerá que rinda pleitesía al rey de Castilla ofreciéndole las nuevas tierras descubiertas, en lugar de hacer lo propio con Francia. Es llamativo cómo aparece también Benedicto XIII en los territorios clave de la futura expansión hacia América. Este hecho no hay que despreciarlo en absoluto y ha sido tratado por la editorial Almuzara en las hipótesis de un prenauta en los viajes desde Canarias a América.

Sea como fuere, el hecho es que, en estos años, don Pedro Martínez de Luna tejió una tupida de red de influencias que le permitió controlar los movimientos tanto en Castilla como en Aragón. Obispos, arzobispos, priores, maestres de órdenes religiosas, cortesanos, militares y reyes debieron sus cargos a la mediación del aragonés. La construcción de este universo iba encaminada a alcanzar y apuntalar el objetivo intrínseco a la herencia sociológica peninsular y al proyecto original templario de un gran reino en Occidente con el que hacer frente al creciente peligro musulmán.

A punto estuvo de lograrlo en vida. Quizá tendamos a pensar que, al poco de su muerte, con el matrimonio de Isabel y Fernando, se vio por fin cumplido su sueño. Sin embargo, no es así. Fue un paso importante, pero no el último. La plenitud de su anhelo, como constructor y como arquitecto a la vez, debería esperar hasta 1581, con la incorporación de Portugal.

Una batalla definitiva contra la expansión musulmana: Lepanto (1571). Una coalición de fuerzas occidentales liderada por ese gran reino reivindicado por los templarios: España. La participación de una orden de caballería medieval como testigo fiel del encuentro: la Orden de San Juan del Hospital. Un gran reino en Occidente capaz de financiar la guerra contra Oriente: España peninsular, con la unión virtual con Portugal. Todo lo que Benedicto había ayudado a levantar, respaldado por otros dos papas valencianos que habían postrado Roma a la dinastía hispana. En resumidas cuentas, siglo y medio después de que don Pedro Martínez de Luna estableciera las bases para ese triunfo, su sueño se hacía en realidad.

La concepción global del pensamiento de Benedicto lo colocó muy por encima de sus contemporáneos, con una capacidad de visión política extraordinaria. Todo cuanto convivió con don Pedro Martínez de Luna quedó afectado, de una u otra forma, por su mano. Nada escapó a su planificación. Ni siquiera el santo Cáliz, para algunos el santo Grial, del que solo falta que se haga visible la documentación que lo acredite. No es que no exista: es que no se ha investigado aún.

Ese es el personaje que hay detrás de la anécdota del Papa Luna: Benedicto XIII, el constructor de España y de la Europa de la Edad Moderna.

Bibliografía

El apartado dedicado a la bibliografía debería dar una visión de conjunto sobre el tema de estudio tratado en el libro. Con todo, hoy día tiende a usarse como una última demostración de poder académico, como un capítulo más en el que volcar el mayor número posible de referencias, sin importar el uso práctico que pudiera tener para el lector.

En mi caso, creo que el objetivo básico de este trabajo es la máxima divulgación posible a unos potenciales lectores que no son eruditos en el tema. Es por esta razón por la que he descartado una recopilación sistemática y numerosa de referencias bibliográficas para dejar paso a aquellas que considero que pueden resultar más cercanas y aportar un enriquecimiento de la lectura. No pretendo, por tanto, detallar todas las publicaciones que, de una u otra forma, han dejado huella en el presente trabajo, puesto que no he perseguido la consideración académica. He querido dar la oportunidad al lector para que profundice, de un modo u otro, en la figura del Papa Luna a través de algunas de las obras que, a lo largo de la historia, han tratado sobre él.

Podríamos también verter en esta recopilación muchos otros libros que ayudan a entender el contexto histórico en el que vivió, algunas de las acciones políticas específicas con las que tuvo que lidiar o el arte que lo rodeó. Aun así, es más interesante ofrecer un pequeño conjunto de publicaciones al alcance de todos los públicos que pueden complementar lo que aquí se ha escrito.

De entre el listado siguiente, me gustaría resaltar la estupenda y documentadísima obra de Vicente Blasco Ibañez, autor universal que supo acercar al lector común un personaje tan intenso como don Pedro de Luna.

También, de nuevo, debo hacer mención a la asociación Amics del Papa Luna, cuyo esfuerzo ha generado un fondo bibliográfico y de artículos interesantísimos para profundizar en tan apasionante figura.

Y, aunque autor poco ortodoxo, si me lo permiten, les recomiendo la lectura de algunas de las creaciones de Vicente Meliá, una fuente de inspiración para observar a Benedicto XIII más allá de lo que se ve a simple vista.

Libros

Alanyà i Roig, J. (2018). La legitimidad telógica y canónica de Benedicto XIII. Crítica a la contradicción oportunista de San Vicente Ferrer. En Simó Castillo, J. B. (Coord.). *El pontificado de Benedicto XIII después del Concilio de Constanza*. Amics del Papa Luna.

Alpartil, M. de. (1906). *Chronica actitatorum temporibus Benedicti XIII*. Franz Ehrle.

Álvarez Palenzuela, V. A. (2021). *Documentos de Benedicto XIII referentes a la corona de Castilla*. Dykinson.

Blasco Ibáñez, V. (1925). *El papa del mar*. Prometeo.

Bravo Retamal, A. (Ed.). (2021). *Reforma, Iglesia y sociedad: una relectura de la tradición protestante*. Ediciones UCSC.

Calvo González-Regueral, F. (2021). *Homo bellicus*. Arzalia.

Canellas López, Á. (1991). *Papa Luna*. Diputación General de Aragón.

Cantera Montenegro, S. (2010). Los cartujos en la Península Ibérica en la Edad Media. En García de Cortázar, J. Á. y Teja, R. (Coord.). *Del silencio de la cartuja al fragor de la orden militar*. Fundación Santa María la Real.

Capdevila, J. (2009). *Los silencios del Papa Luna.* Styria.

Casas, A. (1944). *Libro del Papa Luna.* Luis Miracle.

Cuella Esteban, O. (2006). *Bulario aragonés de Benedicto XIII. La Curia de Peñíscola (1412-1423)* (Vol. 3). Institución «Fernando el Católico».

Díez Borque, J. M.ª (Coord.). (1980). *Historia de la literatura española* (Vol. 1). Taurus.

Didiot, J. (1892). Logique surnaturelle objective. Taffin-Lefort, n.º 823. Citado en Salembier, L. (1921). *Le grand schisme d'Occident.* Librairie Victor Lecoffre.

Escobar, Pedro. V. (1996). *Eclesiología II: guía de estudio.* Universidad Iberoamericana.

Erler, G. (Ed.). (1890). *Theoderici de Nyem de scismate libri tres: Recensuit et adnotavit Georgius Erler.* Veit & Comp.

Escolano, G. (1878). *Décadas de la historia de la insigne y coronada ciudad y reino de Valencia* (Vol. 1). Terraza, Aliena y Compañía.

García Herrero, M. del C. (1998). Elementos para una historia de la infancia y la juventud a finales de la Edad Media. En De la Iglesia, J. I. (Coord.). *La vida cotidiana en la Edad Media.* Instituto de Estudios Riojanos.

Giménez Soler, A. (1926). *El carácter de don Pedro de Luna.* Universidad de Zaragoza.

Gómez Acebes, A. (2015). *Vinaròs y el mar. Relaciones comerciales, socio-políticas y económicas entre los siglos XV y XVII.* Asociació Cultural Amics de Vinaròs.

Hernandez Garrit, J. (2012). *El anillo perdido del Papa Luna.* Javisa.

La gerarchia cattolica e la famiglia pontificia. (1904). Monaldi.

Laguna Paúl, T. (1994). La biblioteca de Benedicto XIII. En Sesma Muñoz, J. A. (Coord.). *Benedicto XIII, el Papa Luna: muestra de documentación histórica aragonesa en conmemoración del sexto centenario de la elección papal de don Pedro Martínez de Luna.* Gobierno de Aragón.

Llorens y Raga, P. L. (1955). *Fray Bonifacio Ferrer como religioso y como literato.* Sociedad Castellonense de Cultura.

Lord Twining. (1960). *A History of the Crown Jewels of Europe.* B. T. Batsford.

Maeso de la Torre, J. (2002). *El Papa Luna: Benedictus XIII y el Cisma de Occidente.* Edhasa.

Meliá Bomboí, V. (2009). *El corazón del Papa Luna.* Peñíscolamagica.

Melià i Bomboí, V. (2010). *Juicio al Papa Luna. El anillo del Rey Pescador.* Autoedición.

Melià i Bomboí, V. (2012). *El Papa Luna: el hombre que miró fijamente a los ojos del Dragón.* Antinea.

Micó Buchón, J. L. (2004). *Liturgia católica.* San Pablo.

Morales, A. (2006). *Benedicto XIII, el Papa Luna: el hombre que fue piedra.* Delsan.

Morelló Baget, J. (2012). Las relaciones monarquía papado en la etapa final del Gran Cisma y la sucesión de dos modelos distintos de transferencia fiscal en la corona de Aragón. En Sesma Muñoz, J. A. (Coord.). *La Corona de Aragón en el centro de su historia, 1208-1458. El Interregno y el Compromiso de Caspe.* Grupo CEMA.

Moxó y Montoliu, F. de. (1986). *El Papa Luna: un imposible empeño: estudio político-económico.* Librería General.

Moxó y Montoliu, F. de. (1990). *La Casa de Luna (1276-1348): factor político y lazos de sangre en la ascensión de un linaje aragonés.* Aschendorffsche Verlagsbuchhandlung.

Moxó y Montoliu, F. de. (2005). *Miscellanea de Luna.* Institución «Fernando el Católico».

Navarro Sorní, M. (2018). El concilio de Constanza y la deposición de Benedicto XIII. En Simó Castillo, J. B. (Coord.). (2018). *Op. cit.*

Pereira Pagán, B. (1999). *El Papa Luna. Benedicto XIII,* Alderabán.

Planas, J. (2018). La biblioteca de Benedicto XIII y el scriptorium de Peñíscola: códices miniados reflejados en los inventarios papales. En Simó Castillo, J. B. (Coord.). (2018). *Op. cit.*

Porcel, B. (1977). *Caballos hacia la noche.* Plaza & Janés.

Puig y Puig, S. (1920). *Episcopologio barcinonense. Pedro de Luna: último papa de Aviñon (1387-1430).* Políglota.

Robinson, I. S. (1990). *The Papacy, 1073-1198: Continuity and Innovation.* Cambridge University Press.

Rubio, J. A. (1926). *La política de Benedicto XIII desde la sustracción de Aragón a su obediencia hasta su destitución en el concilio de Constanza.* Imprenta y Librería Rodríguez.

Sáiz Serrano, J. (2015). Las expediciones norteafricanas de Alfonso el Magnánimo (1424-1433): financiación y organización militar. En Baloup, D. y Sánchez Martínez, M. (Coord.). *Partir en croisade à la fin du Moyen Âge: financement et logistique.* Méridiennes.

Samaran, C. (1908). *La maison d'Armagnac au XVe siècle et les dernières luttes de la féodalité dans le Midi de la France.* Droz.

Sánchez Sesa, R. (2006). El Cisma de Occidente en la Península Ibérica: religión y propaganda en la guerra castellano-portuguesa. En *Estudos em homenagem ao professor doutor José Marques* (Vol. 4). Faculdade de Letras da Universidade do Porto.

Sesma Muñoz, J. A. (Coord.). (1994). *Benedicto XIII, el Papa Luna: muestra de documentación histórica aragonesa en conmemoración del sexto centenario de la elección papal de don Pedro Martínez de Luna.* Gobierno de Aragón.

Simó Castillo, J. B. (1994). *Pedro de Luna. El papa de Peñíscola.* Fabregat.

Simó Castillo, J. B. (Coord.). *El pontificado de Benedicto XIII después del Concilio de Constanza.* Amics del Papa Luna.

Simó Castillo, J. B. (2018). Seis siglos después de la condena al Papa Luna. En Simó Castillo, J. B. (Coord.). (2018). *Op. cit.*

Societé de l'Histoire de France (295-296). (1899). La Societé.

Spillmann, C. (2018). Condena y excomunión de Benedicto XIII por el Concilio de Constanza 1414-1418. En Simó Castillo, J. B. (Coord.). (2018). *Op. cit.*

Suárez Fernández, L. (2002). *Benedicto XIII: ¿antipapa o papa? 1328 - 1423.* Ariel.

Suárez Fernández, L. (2014). *Benedicto XIII, un Papa revolucionario.* Ariel.

Ull i Pont, E. (2018). La legitimidad de Roma pasa por Peñíscola: ¿Constanza hace ilegítima la actual sucesión papal? En Simó Castillo, J. B. (Coord.). (2018). *Op. cit.*

Un cartujo de Aula Dei y Gómez m. b., I. M. (1970). *Escritores cartujanos españoles.* L'Abadia de Montserrat.

Utrilla, J. F. (2009). La nobleza aragonesa y el Estado en el siglo xiii: composición, jerarquización y comportamientos políticos. En Sarasa, E. (Coord). (2009). *La sociedad en Aragón y Cataluña en el reinado de Jaime I (1213-1276).* Institución «Fernando el Católico».

REVISTAS Y MEDIOS ELECTRÓNICOS

Álvarez, J. (2 de septiembre de 2011). *El origen de la tiara papal.* La Brújula Verde. https://labrujula-verde.com/2011/09/el-origen-de-la-tiara-papal.

Barquero Goñi, C. (1998). Disputas por el priorato de Castilla en los siglos xiv y xv. *Hispania,* 58(199).

Calvé, Ó. (8 de febrero de 2015). La Cartuja de Valldecrist, relicario real y centro político europeo. *Las Provincias.* https://www.lasprovincias.es/fiestas-tradiciones/201502/08/cartuja-valldecrist-relicario-real-20150208000154-v.html.

Chaín-Navarro, C. (6 de abril de 2021). Las galeras del Papa Luna. *Cátedra de Historia y Patrimonio Naval.* https://blogcatedranaval.com/2021/04/06/las-galeras-del-papa-luna/.

Condill, R. (27 de agosto de 2009). 0002 - Historia y leyendas del Papa Luna (2ª parte). *El último Condill* [blog]. www.rafaelcondill.blogspot.com/2014/01/0001-historia-y-leyendas-del-papa-luna.html.

Conte Cazcarro, Á. (1979). La casa templaria de Luna y su dependencia de la encomienda oscense. *Argensola* (87).

Cuartero, R. (2010). Johan Fernández de Heredia: el aragonés que controló el Mediterráneo. *Cuadernos de Estudios Caspolinos* (29).

De Juan, J. (4 de febrero de 2019). El cisma (1: la declaración de Salamanca). *Historias de España* [blog]. www.historiasdehispania.blogspot.com/2019/02/el-cisma-1-la-declaracion-de-salamanca.html.

De Moxó y Montoliu, F. (s.f.). Benedicto XIII. Real Academia de la Historia. https://dbe.rah.es/biografias/8383/benedicto-xiii.

Díaz Ibáñez J. (2001). El pontificado y los reinos peninsulares durante la Edad Media. Balance historiográfico. *En la España Medieval* (24).

Franco Mata, Á. (2004). El Papa Luna y el arte de su tiempo. *Almogaren* (34).

García, I. M. (2008). En la estela del Cisma de Occidente: dos nuevas bulas del Papa Luna en los Archivos Capitulares de Zaragoza. *Aragón en la Edad Media* (20).

Gómez Bayarri, J. V. (2016). El contexto político religioso del Concilio de Constanza. *Real Academia de Cultura Valenciana*. www.racv.es/es/racv_digital.

Guinot Rodríguez, E. (2005). La Orden de Montesa en época medieval. *Revista de las Órdenes Militares* (3).

Martín Rodríguez, A. (1959). Benedicto XIII y el reino de Aragón. *Hispania* (75).

Martínez Rojas, F. J. (2000). Las relaciones entre la curia pontificia de Aviñón y la diócesis de Jaén a lo largo del siglo XIV. *Boletín del Instituto de Estudios Giennenses* (175).

Montecchi Palazzi, T. (1984). Cencius camerarius et la formation du «Liber censuum» de 1192. *Mélanges de l'Ecole française de Rome*, (96)1. https://doi.org/10.3406/mefr.1984.2745.

Moxó y Montoliu, F. de. (1994). Benedicto XIII, el último Papa de Aviñón. *Historia 16* (224).

Nieto Soria, J. M. (1994). El pontificado de Martín V y la ampliación de la soberanía real sobre la iglesia castellana (1417-1431). *En la España Medieval* (17).

Nieto Soria, J. M. (2010). El ciclo ceremonial de la batalla de La Higueruela (1431). *Estudios de Historia de España*, 12(2).

Piña Rodríguez, F. J. (2017). *La marina de guerra y su armamento en la Baja Edad Media: el caso de las coronas de Castilla y Aragón* [tesis de grado]. Universidad de Castilla-La Mancha.

Simó Castillo, J. B. (agosto de 1982.). El maestrazgo histórico. *Centro de Estudios del Maestrazgo* (1).

Solares Acebal, D. (s.f.). *El Pontificado y cisma de Aviñón*. Autoedición. https://academia.edu/3766889/Pontificado_y_cisma_de_Aviñón.

Suárez Bilbao, F. (1996). Algunas cuestiones jurídicas en el Cisma de Occidente. *Cuadernos de Historia del Derecho* (3).

Tavelli, F. (dic. de 2013). El concilio de Constanza y el fin del Cisma. El rol del reino de Castilla en el camino hacia la unidad. *Teología* (112).

Utrilla, J. F. (1993). Linajes aristocráticos aragoneses: datos prosopográficos del linaje de los Bergua y notas sobre sus dominios territoriales (siglos XI-XV). *Aragón en la Edad Media* (10-11).

Vallejo Naranjo, C. (2018). Arte, guerra y fiesta en la Baja Edad Media: aproximación a la relación entre la poliorcética y el fasto caballeresco. *Laboratorio de Arte* (30).